Estamos Dentro de un Cuerpo

Jesús Salazar
V. M. Rafiel

© **Jesús Salazar**
ISBN: 978-1-59608-961-7

CONTENIDO

PRÓLOGO

Se ha preguntado, ¿dónde está Dios o cómo es? En las letras vivas de esta obra descubrirá la vastedad del conocimiento que es revelado por el autor.

Antes de comenzar a leer esta obra debe expandir su mente y ampliar el entendimiento, como con tanto amor nos enseña el autor, para que se plasme en cada una de sus células la hermosa enseñanza.

El autor revela grandes misterios y contesta muchas preguntas que no se encuentran en libros o en las redes sociales. De esta manera podemos ampliar y profundizar en el conocimiento interno sobre nuestra verdadera realidad.

Alguna información sonará diferente e increíble, por eso les recomiendo sacar la mente del espacio en que se encuentra, se debe permitir entender y ver más allá de lo que la humanidad no nos ha revelado.

El conocimiento que se plasma en esta obra es uno de gran contenido de alta espiritualidad. Espero que se adentren en su interior y conecten con su Real Ser.

En el capítulo, **En Busca de Ese Grandioso Ser,** nos muestra que hay muchos Maestros que han traído diferentes enseñanzas, proveyendo a esta humanidad conocimiento variado y amplio que es de ayuda para todo el que busca evolucionar. De hecho, las enseñanzas se acoplan a cada época o momento.

Se expresa de Dios como un Todo, indicando que el cosmos es el cuerpo vivo de Dios y si nosotros somos parte del cosmos, entonces, estamos dentro de Dios. ¿Qué usted cree o siente de esta realidad que nos hace llegar el autor de esta obra?

Jesús Salazar es un gran investigador y Profesor de las enseñanzas. Me ha hecho sentir muy honrada al pedirme que le hiciera el prólogo de esta grandiosa obra, **ESTAMOS DENTRO DE UN CUERPO**.

Él nos lleva en un recorrido a las profundidades del saber consciente. En su incansable caminar nos trae esta obra para que de una vez y por todas despertemos de este gran sueño.

Indica que todos estamos hechos a imagen y semejanza del divino Creador de todo lo que existe. Las esferas luminosas, las dimensiones, planetas constelaciones y más, están dentro del cuerpo de Dios; así mismo todo esto también está en nuestro interior.

Nos muestra que Dios se compone de muchas partes, de igual manera nosotros también poseemos las mismas partes. Esto en diferentes proporciones de acuerdo a nuestro grado de entendimiento y consciencia.

Mucho se habla de las memorias que traemos de otras existencias y en el capítulo, **Internalizado la Memoria Cósmica,** se explica cómo ocurre, por qué procesos pasamos, para qué sirve, dónde quedan registradas las memorias, en fin, es una información valiosa que puede llevarle a una búsqueda profunda en su interior.

El autor nos indica que nuestro cuerpo posee lo mismo que existe en el cosmos. De esta manera correlaciona parte de los componentes del cuerpo humano con los componentes de Dios, llevándonos a entender que somos dioses en miniatura.

Es interesante saber que tenemos que integrar toda la memoria del cosmos, así mismo la sabiduría y la consciencia cósmica del divino Creador.

La palabra Dios y lo que ella representa ha sido muy controversial en esta sociedad. El autor en **La Creencia en Dios,** nos invita a hacer una reflexión sobre el verdadero significado de Dios, exhortando a buscar, investigar para llegar a entender y comprender la grandeza de ese Ser Superior, Dios.

La realidad es que no estamos solos en este caminar. En el capítulo, **El Principio de las Especies en el Cosmos,** entendemos que hay diferentes planos y aunque nuestra mente no lo pueda entender en estos momentos, existen más planetas de los que conocemos.

Es irracional pensar que somos los únicos en el universo. Lo que no entendemos es que estamos atados a nuestra mente y a todos los agregados psicológicos. Esto no permite entender y comprender la vastedad del conocimiento.

Así de grande es el universo, así de grande es el conocimiento sin revelar; hay que estar preparado. No está solo en el cosmos, hay planetas, universos, una gama de seres que como nosotros están en evolución.

El capítulo, **La Verdadera Razón de los Mundos Internos,** es realmente fascinante y para otros será desconcertante.

La realidad es que somos una creación, de la cual aun no comprendemos la infinidad de todo lo que existe sumergido en lo profundo de nuestro interior.

Hay un recorrido que hacer limpiando nuestro interior, para de esta manera integrar la consciencia y se registren las experiencias de este plano.

¿Quiere llegar a Dios o trascender este plano? Hay que hacer el camino investigando y transformar sus experiencias en sabiduría, para que logre su avance espiritual y de esta manera llegar a la meta de regreso a casa.

En el capítulo, **Camino Hacia la Consciencia Divina,** vemos que hay que estar alerta en todo momento, actuar conscientemente para no cometer errores y lograr llegar **Más Allá de la Comprensión Humana**.

Continuando el caminar armoniosamente con todo lo que nos rodea, nos garantiza un avance, ya que **Lo Que el Ser Humano Tiene que Saber,** está en las páginas de esta obra donde explica **Nuestro Objetivo en la Tercera Esfera de la Creación.**

Siguiendo las leyes de la Creación avanzamos hacia los planos de consciencias superiores.

María del C. Marrero

NOTA DE AGRADECIMIENTO

Le damos el más sincero agradecimiento a ese gran trabajador de la luz que siempre ha estado dispuesto al servicio de las Jerarquías Divinas, Gerardo Colón. Su trabajo en esta obra ha sido de gran ayuda, ya que desinteresadamente se dedicó a la corrección de este grandioso libro que servirá para llevarles luz aquél que la necesite.

Por otro lado, con todo el amor de un padre, va mi más profundo respeto por ese grandioso tiempo dedicado por mí hija July Jerubí Salazar. No se puede quedar mi agradecimiento, con mucho cariño a mí querida hermana de la senda y siempre recordada, María del C. Marrero, por su hermoso prólogo que lleva en sus palabras grandes sabidurías emanadas de su grandioso y divino Ser. Gracias a todos ustedes mis queridos hermanos del camino divino.

El autor

BIOGRAFÍA

Jesús Salazar es un ser humano dedicado a la ayuda de la humanidad desde hace muchos años. Desde muy joven mostró una clara inclinación por los valores humanos y espirituales. Es autor de más de 13 libros, todos con un contenido variado, temas de alto nivel conscientivo utilizando un lenguaje sencillo y a su vez profundo.

Ha venido creciendo espiritualmente al lado de varios Maestros. Colaboró en la fundación de la federación Fiadasec y aportó a la misión del V.M. Desoto con la creación de diversos grupos y asociaciones, tanto en Santo Domingo como en Puerto Rico.

Su innegable capacidad de trabajo y su anhelo de explorar las distintas facetas conscientivas, lo han llevado a crear y dirigir la Confederación de Instituciones Internacionales, para la integración de la Nueva Consciencia y la Sabiduría con sus siglas, INCYS.

Lleva su misión con profundo respeto y mucho amor, impartiendo el conocimiento por medio de cientos de conferencias en adición a prácticas con profundo contenido conscientivo a todo ser que anhele de corazón, trascender este plano.

EN BUSCA DE ESE GRANDIOSO SER

En esta obra vamos a explicar muy cuidadosamente, quién es Dios.

Muchos se preguntan dónde estará ese Ser que nunca hemos visto y que todos denominan el todopoderoso, lo más grande que existe y que todo lo puede.

Todos sabemos que él se encuentra en todo lo que tiene vida y también está dentro de nosotros mismos pero, ¿se puede ver el rostro de ese grandioso Ser? Muchas son las fotos de los diferentes maestros, que andan por dondequiera, pero nunca podrán ver una foto del divino Creador, de ese que se encuentra en donde exista la vida.

Son muchos los que dicen que la Creación es un misterio, que el cosmos encierra grandes incógnitas, que es infinito y que es algo muy inmenso dentro de lo creado.

Es muy importante saber que la vida se encuentra en lo más profundo del cosmos y si Dios está donde quiera que se encuentre la vida, ¿qué es el cosmos?

Nunca se le ha podido hablar claro a la humanidad de quién es Dios y dónde se encuentra.

Sabemos que no todo el mundo puede comprender la verdadera realidad de la Creación; si llegaran a comprender que no somos ni siquiera una insignificante partícula de polvo en el cosmos, se preocuparían por investigar quiénes son en realidad dentro de la inmensidad y la continuidad cósmica.

¿Cuál sería el objetivo de los diferentes Maestros que están en el camino de la evolución superior? ¿Para dónde van evolucionando? ¿Para qué los seres superiores están trabajando con las diferentes humanidades? Son muchos los misterios que encierra la evolución dentro del cosmos.

Es muy importante saber que esta no es la verdadera realidad que existe. Todos estamos viviendo una diminuta realidad dentro de un cuerpo inmensamente gigante que no podemos comprender ni imaginarnos cómo es.

Son muchos los Maestros que han traído diferentes conocimientos que le han servido de crecimiento a todo aquél que anda en busca de su evolución superior, pero, por otro lado, existen las diferentes líneas del conocimiento divino. Ese es el objetivo de cada Maestro, traer su conocimiento para cada momento y época.

Dentro del cosmos existen los planetas, constelaciones, esferas luminosas y los diferentes movimientos cósmicos. Esto es debido a que es el cosmos el cuerpo vivo de Dios y la humanidad está ajena a esa verdadera realidad.

Todo lo que está por fuera está por dentro, todos somos una diminuta creación, hijos del divino Creador; somos navegadores dentro de su inmenso cuerpo.

La Creación es un conjunto de esferas luminosas que están llenas de energías y conciencias, donde cada ser vivo que pase integra su conciencia a través de las experiencias de cada plano.

Todos estamos hechos a imagen y semejanza del divino Creador de todo lo que existe. En su interior posee nueve esferas luminosas, esas son las nueve dimensiones de la Creación las cuales tenemos, cada uno de nosotros, que integrar su conciencia. El ser humano jamás podrá comprender estos misterios que encierra la Creación.

Las diferentes religiones no se equivocan cuando dicen que "todos somos hijos de Dios", ellos no saben el significado que encierra esa palabra. Jamás podrán comprender ni conocer el verdadero sendero que nos conduce a la liberación de nuestro interior.

¿Cuál es el significado de que Dios está en cada ser viviente de la Creación? Esa es una pregunta que cada ser humano se tiene que hacer.

Tenemos que abrirnos más a la investigación de la Creación y de nosotros mismos. ¿Por qué cada uno de nosotros somos una chispa divina desprendida de Dios? ¿Cuál es el misterio que encierra nuestro interior?

Si el ser humano sueña, ¿por qué existe en nosotros esa conexión con esos mundos desconocidos? ¿Cuál es ese misterio que nos enlaza a esa esfera desconocida y que a la vez está sumergida en la Creación?

En este capítulo queremos hacerles saber que existen muchos misterios que se encuentran a nuestra vista y que por no ser buenos investigadores, no nos damos cuenta de que ahí se encuentra uno de los misterios de la Creación. Uno de ellos es el mismo planeta Tierra; él es una célula viva del cuerpo Dios.

El planeta posee una tercera parte de agua, esto como hemos dicho por ser una de las células vivas de un cuerpo. Si observamos nos daríamos cuenta que nuestros cuerpos también poseen células con una tercera parte de agua y en su conjunto, nuestro cuerpo está constituido por una tercera parte de agua.

El planeta Tierra también posee una tercera parte de agua, está hecho con los mismos componentes de nuestros cuerpos; él posee vida, energía, materia, luz, conciencia y espíritu.

¿De dónde sale la vida de un planeta? ¿Cuál es ese misterio que encierra la Creación? ¿Por qué todo lo que existe tiene vida aunque sea mineral, vegetal, animal o humano?

Si nos vamos hacia lo más profundo del cosmos, ahí encontramos la existencia de la vida, no importa como sea la constelación, galaxia o sistema solar.

Por otro lado, si cualquiera de nosotros emprendiera un viaje hacia una parte vacía del cosmos, ahí estuviéramos respirando la vida, esto significa que no importa en qué parte del espacio "infinito" uno se encuentre, ahí existe el espíritu de Dios dándole la vida al mismo cosmos con todos sus movimientos evolutivos.

¿Dónde podemos encontrar ese gran Ser creador de todo cuanto existe, si no podemos encontrarlo en la profundidad de la Creación?

Mucho se habla del espacio, el cosmos y sus profundidades, pero jamás el ser humano podrá alcanzar a comprender el papel que desempeña la vida en el cosmos, a menos que se abra a desentrañar los misterios que encierra el camino de la conciencia superior.

Queremos decirles que el cosmos es un conjunto de sistemas que tienen sus movimientos plenamente equilibrados.

Todos estos movimientos son los que sostienen la vida en los diferentes sistemas cosmológicos.

Este es el mismo movimiento que existe en nuestro interior, nosotros también somos un conjunto de sistemas que posee un perfecto equilibrio interno que mantiene la vida en nuestro existir micro cosmológico, somos una creación en miniatura, somos micro dioses con una conciencia individual.

Cuando hablamos del espíritu de Dios nos estamos refiriendo a la misma vida, a la que palpita y mantiene todo en equilibrio, aún en el espacio vacío.

¿Por qué tiene que existir el espíritu de Dios en un espacio vacío dentro del cosmos, sino hay seres vivos ni está habitado? Esta es una pregunta que tenemos que hacernos cada vez que pensemos en ese divino Creador.

Hemos hecho una profunda investigación de lo que es la vida en el cosmos.

Cuando hablamos del espíritu viviente de Dios en el espacio vacío, aquel que se le llama Espíritu Santo en otras tendencias espirituales, nos estamos refiriendo a la cuarta fuerza de la Creación. Estamos hablando de ese Espíritu viviente de Dios que fluye y refluye en todo ser viviente no importa en qué punto del cosmos se encuentre, que equivocadamente se le llama en esta humanidad el Espíritu Santo. Es esa partecita que nosotros también llevamos en nuestro interior profundo, esa parte que fluye en cada partícula de nuestro cuerpo, la vida.

INTERNALIZANDO
LA MEMORIA CÓSMICA

Desde el preciso momento de nuestra existencia como seres vivos que somos, venimos integrando la memoria de la Creación a través de los diferentes planos existentes evolutivos.

Esta memoria existe como hemos dicho, en todos los planos, solo que según es nuestro grado, así mismo es la integración de la memoria.

En cada rincón del cosmos se encuentra depositada la memoria del cuerpo de Dios, así mismo se encuentra la conciencia cósmica diluida en cada plano.

Todo ser humano tiene en su interior una memoria que le sirve para registrar todos los eventos y experiencias vividas en cada existencia, al igual que nuestro planeta Tierra.

Cuando decimos que todo está guardado en los archivos akáshicos de la naturaleza, nos referimos a la memoria del planeta. Esa es su memoria que a través de su existencia ha venido registrando en su interior, ahí se encuentran todos los eventos de todas las humanidades que por el planeta han pasado.

Tenemos que saber que nuestro planeta Tierra es un Ser vivo que también va en evolución y por supuesto tiene que tener memoria propia.

Todas las humanidades del cosmos pertenecen a diferentes líneas evolutivas, con todo esto queremos decirles que cada Ser supremo, como lo son aquellos Arcanos Mayores, están registrando en su interior la memoria de todas las humanidades, no importa porque planeta pasen o la línea evolutiva a que pertenezcan.

Cuando hablamos de las diferentes facetas conscientivas de los Arcanos Mayores, nos estamos refiriendo a ese gran trabajo cósmico que realizan esos grandes seres superiores del cosmos en su totalidad.

Así como existe en cada célula la memoria en nuestro cuerpo, así mismo está registrada en el cosmos la memoria del divino Creador.

Todo es relativo, si observamos el tamaño de una célula de nuestro cuerpo nos daríamos cuenta que no podemos verla. Entonces cabe hacer una pregunta, si pudiéramos ver nuestro planeta Tierra desde afuera del cosmos, ¿de qué tamaño sería? No nos fuera posible verlo porque ya estaríamos fuera del cuerpo de Dios.

En cada célula de nuestro cuerpo está registrada la sabiduría y la conciencia de la Creación.

Ahora, vamos hablar de un tema bien interesante para todo aquél que lea esta obra. Es un error decir que nuestra evolución comienza en el plano humano.

Todos los sistemas de nuestro cuerpo han sido creados gracias al paso de nuestra chispa divina, por los diferentes reinos de los mundos de los elementos; de ahí es que comienza nuestra evolución, no podemos dejar atrás la integración de ese tipo de conciencia y memoria.

La sabiduría, la conciencia y la memoria son componentes de la Creación, todos tenemos que incorporar los diferentes elementos cósmicos. En nuestro cuerpo poseemos los mismos que existen en el cosmos.

Nuestra evolución no sería posible si no existieran los mismos componentes que hay en la Creación.

No hay un planeta en la profundidad del cosmos donde un Arcano no haya integrado su memoria. Así como tenemos que integrar toda la memoria del cosmos, así mismo hay que hacerlo con la sabiduría y la conciencia cósmica del divino Creador.

En nuestro interior llevamos todo lo que se encuentra en la Creación; poseemos una conciencia, sabiduría, vida, luz, energía, materia y la misma memoria que puede encontrarse en todos los seres vivos que existen.

También tenemos una naturaleza interna, esa proviene de la integración de los mundos de los elementos en nuestro interior, todo eso nos hace ser una mini creación dentro del cuerpo de Dios; somos dioses en miniatura.

Si el ser humano comenzara a investigar quién es en realidad, se encontraría con los más grandes misterios jamás descifrados por la mente humana. Estos misterios no son para todo aquél que pertenezca al mundo de las creencias.

Para hablar de la evolución tenemos que hacer un recorrido por las profundidades del cosmos e ir descubriendo los grandes misterios que encierra nuestro eterno caminar evolutivo.

Para darnos cuenta de qué tan largo es el camino y llegar a comprender los misterios que nos rodean en nuestro existir, tenemos que aumentar nuestros grados de comprensión a un nivel evolutivo. Jamás se le puede dar un conocimiento a alguien que no esté preparado para recibir tal sabiduría, para eso tiene que tener una comprensión acorde con su nivel.

La memoria se encuentra diluida en todo el cosmos, donde quiera que exista la vida, ahí está vigente la memoria de la Creación.

En cada momento del existir cósmico se encuentran los diferentes Arcanos Mayores internalizando la memoria de algún planeta dentro de la inmensidad cósmica. Esas son las diferentes facetas conscientivas por las cuales ellos tienen que pasar para poder evolucionar y llegar a otros niveles divinales.

Existen niveles y niveles de conciencias divinales dentro del camino evolutivo superior. Todos los Jerarcas, por muy altos que sean, tienen que integrar por completo la memoria de la Creación.

Como hemos dicho en capítulos anteriores; la memoria del ser humano se encuentra en nuestro sistema celular y como los planetas son células del cuerpo de Dios, entonces tenemos que decir que estamos dentro de un cuerpo, del cuerpo vivo de Dios.

Esto solo es un conocimiento que nos permite abrirnos más en nuestro camino evolutivo, rumbo a la evolución superior.

Existen zonas en el cosmos donde algunos dioses no pueden penetrar, de no ser así diríamos que los niveles de conciencias divinales tienen fin. Por lo tanto, existen Arcanos Menores, Mayores, Tronos, Potestades, Serafines y Querubines, esas son altas Jerarquías Divinas en el cosmos; aún nos queda mucho trabajo que hacer en este camino de la conciencia superior.

Tenemos que seguir escalando peldaños conscientivos dentro del camino luminoso que nos conduce a la verdadera realidad superior.

En algunos capítulos de mis obras, hablamos de esa realidad superior que se encuentra más allá de nuestro origen interno, no de nuestro origen humano; son dos cosas diferentes, una es de Dios y otra es de la naturaleza.

El origen de nuestro interior no viene precisamente de esta Creación. Nosotros, como chispa divina, somos el resultado de un crecimiento que viene de una realidad muy superior; somos la continuidad de la misma Evolución.

La Evolución encierra muchos misterios, ella se divide en dos partes que son: la creación física y la interna. No será posible nuestro crecimiento interno si no existieran los mundos físicos de la Creación; a través de ellos internalizamos las diferentes experiencias para nuestros avances espirituales en el camino eterno.

El camino es tan eterno que no podemos decir que se termina cuando supuestamente llegamos a Dios, de ser así, entonces, ¿de dónde proviene la vida de esta Creación? ¿De dónde se alimenta? ¿De dónde está sustentada? ¿En un vacío? ¿O la Creación está dentro de otro cuerpo como estamos nosotros? "El macrocosmos, la verdadera realidad."

El camino es toda una continuidad de evolución eterna, no se sabe y ni siquiera podemos imaginarnos si existe un espacio vacío donde no exista la vida en su forma latente. Solo sabemos que la Evolución no tiene forma de terminarse, es eterna.

En nuestras profundas investigaciones hemos podido descubrir muchos misterios jamás imaginados por el ser humano. La Creación está llena de grandes incógnitas para aquellos que andan en busca de su evolución superior.

Existen muchos seres humanos que están muy lejos de la verdadera realidad, mientras más profundizamos en este camino de conciencia superior, más nos damos cuenta de lo equivocados que se encuentran aquellos que están en el camino de las diferentes creencias. El ser humano en su totalidad no se imagina lo mucho que hay que caminar para llegar a una evolución superior.

En el camino de la Evolución tenemos que integrar la conciencia cósmica de la Creación, que viene siendo la fuerza del padre cósmico. Por otro lado, la fuerza de la madre cósmica es la fuerza de la gestación, estamos hablando de la parte femenina de Dios dentro de nosotros.

También tenemos que internalizar en el recorrido evolutivo, la fuerza del Cristo Cósmico que es el amor universal cósmico; lo mismo que hizo Jesús el Cristo en su tiempo. No se puede quedar atrás la fuerza del Espíritu Viviente a nivel de la Creación, no al grado común individual. Otro componente que hay que integrar es lo mismo que hemos estado hablando en este capítulo, de la integración de la memoria cósmica, ya esto es a un nivel muy profundo, hablando jerárquicamente.

Para aquél que está en el camino de las creencias este tema viene siendo un mito, una enseñanza diabólica, ya que para ellos no existen más Jerarquías que no sea Dios. Ellos no creen ni en el mismo Creador de todo lo que existe, por creer equivocadamente que Jehová es el único Dios que existe. Jehová sólo fue un Dios creador de una parte de este universo en que nos encontramos, él sólo está al servicio del arquitecto del cosmos: el creador de todo, del omnipotente.

LA CREENCIA EN DIOS

Desde el surgimiento de esta humanidad hemos venido creyendo en un Ser superior, que se denomina como el Padre de todo lo creado y que somos hijos de él. Son muchos los grupos espirituales, religiones, sectas y creencias de todo tipo que le llaman de diferentes maneras, pero jamás van a conocer su verdadero nombre.

No existe un grupo espiritual o uno de los mencionados arriba, que haya visto su rostro, ni mucho menos su foto en algún libro sagrado. Han podido imaginarse el rostro de ese gran kabír que se llamó Jesús el Cristo y diferentes fotos de los tantos maestros espirituales que a través de la historia han existido, pero jamás podrán ver la imagen de nuestro Creador.

Es importante meditar en el título de esta obra, ya que tiene su verdadero significado y que por alguna razón estamos llevando este conocimiento a aquellos que andan en busca de algo más allá de lo ya conocido.

Tenemos que de alguna manera darnos cuenta que no ha existido una sola creencia que haya mostrado la imagen del divino Creador del cosmos y de la Creación; esto es uno de los tantos misterios de lo que en algunas obras hemos hablado.

La presencia de Dios se encuentra en todo aquello que tiene vida, que pertenece a la Creación.

Dios se expresa a través de todo lo que se encuentra dentro de su cuerpo. No podemos perder de perspectiva que el cosmos es el cuerpo vivo de él, ya que todo lo que posee vida proviene de su energía y de su estructura.

Si en este momento emprendiéramos un viaje a través del cosmos y duramos mil años viajando a la velocidad de la luz, allá donde nos encontremos vamos a sentir la presencia del divino Señor de la Creación, eso nos da a entender que aún estaremos dentro de su cuerpo.

Ahí cabe muy bien el dicho, "Dios es lo más grande que existe", otro lo es, "No se mueve nada sin la voluntad de Dios".

Existen ciertos refranes que encierran grandes significados y que aún son mensajes subliminales para la humanidad.

Son muchos los que no creen en Dios, ya que ellos dicen que nunca lo han visto, que no van a creer en algo que por mucho tiempo han querido verificar y nunca han podido comprobar.

Todo esto nos lleva a entender que hay que hacer una serie de investigaciones muy profundas, ya que existe una manera de comprobar su existencia y su divina presencia.

Mucho antes de Jehová crear nuestro planeta ya existía la Creación; el lugar donde se encuentra nuestro planeta era una de las partes vacías del cosmos, donde solo existía el espíritu, la energía y la presencia de Dios diluida en el espacio.

Nuestro planeta Tierra fue creado por el señor Jehová, por ese grandioso Dios creador y equivocadamente a lo que llaman nuestro cielo, que no es más que una atmósfera y un firmamento azul. No existe tal cielo, solo existen las dimensiones superiores de conciencias.

El señor Jehová no es el creador de la Creación en su totalidad, él solo creó unos cuantos mundos en una parte del cosmos.

Al Creador de todo lo creado, no se le puede llamar por ningún nombre, ya que él solo se puede comunicar por medio de su presencia y su espíritu divino.

A través de los tiempos no hemos podido encontrar un solo maestro que nos haya dicho el verdadero nombre del Señor de la Creación, sólo podemos conocerlo con el calificativo de, "El todopoderoso y el Ser Supremo". Eso solo por no conocer su verdadero nombre.

Equivocadamente esta humanidad a cargado con la grabación de que fue el señor Jehová el creador de la Tierra y de los cielo; en una parte no está equivocada, porque fue él quien hizo este planeta, no la Creación en su totalidad.

Aún tampoco puede existir una foto del señor Jehová. Ese grandioso Dios hace muchos millones de años que realizó esa gran misión, estamos hablando no de veinte millones, sino más de cuatrocientos millones de años, esto sucedió mucho antes de esta humanidad existir.

Por nuestro planeta Tierra han pasado muchas razas y muchas de ellas provenientes del espacio exterior. Entres ellas tenemos la raza Aria, los Lémures, Protoplasmáticos, los Atlantes, los Cíclopes (ellos tenían un solo ojo en la frente), Incas, Aztecas, Mayas, entres otras. Todas estas razas han pasado por nuestro planeta Tierra. Desde hace muchos millones de años, jamás va a existir una foto del señor Jehová, no existe una sola creencia que pueda tener una imagen de ese grandioso Ser, cuando aún todavía no han podido desentrañar algunos misterios que encierran algunas culturas, no con tanto tiempo de su partida.

Es un poco curioso que solo existan fotos de Jesús el Cristo en estos tiempos, aún esas son fotos un poco confusas, ya que las han puesto de diferentes maneras.

A Jesús el Cristo, pudieron habérselo imaginado, pero jamás pueden hacerlo con el divino Creador de todo lo que existe, todo por no haber existido en algún tiempo ni en ninguna humanidad; nadie, ninguna creencia, puede decir que el divino Creador existió en alguna época y en algún tiempo con un cuerpo de materia.

Con todo este señalamiento lo que queremos decirles es que, no puede existir dentro de su propio cuerpo ese divino y glorioso Ser que nadie ha podido mostrar su foto en ningún tiempo.

Una vez más queremos decirles que la Creación y el cosmos son el cuerpo vivo de Dios. Como un ejemplo de esto, nosotros somos hechos a imagen y semejanza de él. Las estrellas son puntos luminosos dentro de un cuerpo y los planetas también son células dentro de su mismo cuerpo. Todo lo que está por fuera está por dentro, nosotros somos una mini creación; todos estamos dentro de una Creación viviendo y evolucionando.

Mientras la humanidad siga creyendo en literaturas altamente contaminadas psicológicamente, jamás va a saber este secreto que encierra la Creación y el verdadero camino de la Evolución.

Para llegar a comprender los secretos que encierra el camino de nuestra evolución, tenemos que investigar mucho en el sendero luminoso de la conciencia superior.

En lo más profundo del cosmos se encuentra diluida la presencia del divino señor de la Creación. Él es omnipresente, se encuentra en donde quiera que exista la vida, como hemos dicho, diluido en conciencia, luz, materia y espíritu; en cualquier pájaro, animal, insecto o cualquier ser vivo, que como es lógico, pertenezca a la Creación. Todas estas son sus manifestaciones y por supuesto del Creador, Dios.

El hablar profundamente de estos temas con la humanidad es para ellos algo sin sentido, ya que a través de los tiempos han venido creyendo en algo muy artificial, en grabaciones psicológicas absurdas.

Todas las verdades existen dentro de nosotros mismos, solo que tenemos que dedicarnos a descubrir esas grandes verdades que hay en nuestro interior profundo.

Este es el camino del verdadero nacimiento superior de la gran espera hacia el macrocosmos, hacia los reinos desconocidos, hacia lo inmanifestado, hacia la evolución superior; allá donde la evolución sigue su continuidad a un nivel macrocósmico.

ESTÁ LEYENDO LA OBRA, ESTAMOS DENTRO DE UN CUERPO

EL PRINCIPIO DE LAS ESPECIES EN EL COSMOS

Son muchos conocimientos que a través de los tiempos hemos venido recibiendo de todos los Maestros que por nuestra humanidad han pasado. Unos nos hablan de las diferentes humanidades, de la naturaleza; otros nos enseñan a evolucionar y muchos son los que traen conocimiento que nos hablan del cosmos y sus habitantes. Pero son pocos los que nos hablan de cómo y dónde se generan las diferentes especies que existen en cualquier parte del universo o del cosmos.

A través de estos conocimientos hemos venido hablando de cómo se hace un planeta y cuáles son los encargados de esa misión. No obstante, ahora tenemos que abundar sobre la transportación de las especies hacia los diferentes planetas que continuamente están naciendo y que necesitan los primeros pasos de vida para conformarse la evolución.

Existen muchos dioses que en este momento se encuentran dando esos pasos en algún rincón del espacio sideral, trabajando para que continúe la vida a nivel cósmico. Nunca puede el equilibrio desaparecer, siempre va a existir un movimiento de evolución dentro de la Creación, dentro del cuerpo de Dios.

En una constelación llamada las Pléyades existe un Dios llamado Sarumá; ese divino Dios está encargado de la transportación de muchas especies de vida a nivel de interminables galaxias, de inmensidades de planetas donde ya otros dioses se han encargado de llevar elementos de diferentes tipos de evolución, conformando la vida y el equilibrio cósmico.

Para la transportación de las especies existen naves nodrizas que poseen lagos y ríos, son naves que tienen conciencia propia, ellas se posicionan en un sitio y aparecen en otro lado; nunca usan la velocidad pero sí el hiperespacio.

En el espacio se está constantemente transportando especies de diferentes tipos de evolución, eso nos dice que el cosmos cada vez se está renovando y evolucionando.

En el cosmos nunca puede desaparecer ninguna especie que posea la vida, cada una de ellas tiene su función y está sujeta a la evolución dentro de la ley divina.

Es importante saber todo lo que tenga que ver con la vida y las diferentes especies que existen.

El ser humano vive sin saber que existen todos estos movimientos dentro de la Creación y dentro del mismo Dios.

Es importante que todo aquel que se encuentre en el camino del crecimiento interior y la evolución superior, se dé cuenta que esta humanidad no está sola en el cosmos y que hay otras humanidades con otros estilos de vida, que son diferentes a nuestra evolución humana.

Dentro de esas humanidades existen niveles de conciencias muy superiores a lo que conocemos.

El ser humano no está preparado ni siquiera para ver la aparición de unas naves que vengan del espacio exterior, mucho menos para tener a la vista un estilo de vida diferente al nuestro. Estamos hablando de otros estilos de humanidades con diferentes rasgos y fisonomías.

Esta humanidad siempre ha vivido un poco errática en cuanto aceptar la existencia de otras humanidades en el cosmos, siempre han estado equivocados. Es ilógico pensar que el cosmos y la Creación se hicieron para una sola humanidad dentro de la inmensidad y la longitud cósmica.

Mientras el ser humano no se abra a la investigación de su propia creación y su existencia, jamás va a entender los diferentes aspectos y componentes que le rodean en su existir.

El hablar de la evolución es un poco complejo, ya que tenemos que comprender y entender las diferentes variedades de especies que existen a nivel cósmico.

No podemos saber ni precisar las tantas variedades de especies que existen en las inmensidades y la profundidad del espacio exterior. Entonces, cabe hacer una pregunta, ¿podemos nosotros, los seres humanos, no aceptar que existe lo desconocido en la Creación? Es un error pensar que solo nosotros existimos en el cosmos.

Para darles un ejemplo de lo extenso que es el cosmos; este espacio no se puede recorrer usando la velocidad, sino el hiperespacio. Esa es una latitud y una longitud jamás imaginada por la mente del ser humano.

Dentro de esta Creación podemos encontrar billones y billones de galaxias y de constelaciones, dentro de billones de universos; entonces, podemos decir que serían interminables las humanidades que existen y jamás podemos estar capacitados para ver tales humanidades con otro tipo de tecnología superior a la de nosotros, las pobres criaturas evolutivas.

Los seres humanos somos una de esas especies que existen en la Creación y dentro del cuerpo de Dios.

El hombre no fue hecho en el planeta Tierra, esta es una de las especies del cosmos que también existe en otro lugar muy remoto en la longitud del espacio sideral.

Si estudiamos muy bien el equilibrio cósmico nos daremos cuenta, que así como existen las diferentes razas en el planeta Tierra, así mismo la hay en otro lugar en esa gran inmensidad cósmica.

No podemos perder de perspectiva que todas esas razas fueron traídas del espacio, de otras civilizaciones cósmicas. Todas ellas fueron el resultado de un gran rescate de las diferentes humanidades que se encontraban en el final de su humanidad; les podemos llamar el gran rescate de las semillas de la raza humana, no importa el color, nos estamos refiriendo a lo humano.

En el cosmos existen seres hasta de veinte pies de altura, esos seres han vivido en este planeta y nunca han dejado de visitarnos. Eso nos da a entender que este planeta siempre será transitorio para las diferentes humanidades que existen.

Cuando se crea un planeta se hace para la evolución de las diferentes razas que hay a nivel cósmico, nunca se construye para una sola raza.

Cuando se crea un planeta, se hace con el objetivo evolutivo de un sin números de humanidades que van en evolución y de acuerdo con sus componentes evolutivos.

Por un planeta escuela pueden pasar un sin números de humanidades, sean ascendidas o de diferentes formas evolutivas; nuestro planeta es un ejemplo de lo que estamos hablando. Por la Tierra han pasado muchas humanidades de diferentes formas, una de ellas fueron los cíclopes, esa humanidad solo poseía un solo ojo. También existieron los protoplasmáticos, estos tomaban la forma que ellos querían, poseían cuerpos elásticos y a la vez gelatinosos, entre otras humanidades que han pasado por aquí.

Es importante saber que nuestro planeta Tierra ha sido el hogar de tantas humanidades de las que existen en el cosmos, todas esas han sido especies vivientes de la Creación. No importa en qué rincón del espacio sideral se encuentren, todas viven dentro del cuerpo de Dios.

TENEMOS QUE

RESPETAR

LAS LEYES

DE LA CREACIÓN

No se sabe a qué parte del cosmos se fueron los Incas, los Mayas y los Atlantes; esas civilizaciones vivieron en este planeta hace miles de años, ellos conocían muchos secretos sobre la tecnología, todo porque eran unas razas superiores a la de nosotros, los seres humanos que vivimos aquí.

Por otro lado, tenemos la historia de los egipcios; ellos también conocían diferentes técnicas como la forma de embalsamar los cuerpos ya sin vida, técnica no conocida por nuestra cultura entre otras.

Como hemos dicho, todas estas culturas han sido del espacio exterior que han vivido en nuestro planeta Tierra y que no dejan de ser otra de las especies del cosmos que también viven dentro del inmenso cuerpo de Dios.

Muchos son los secretos que todavía no se han revelado de todas esas culturas y civilizaciones que por aquí han pasado.

LA VERDADERA RAZÓN DE LOS MUNDOS INTERNOS

Todo aquel que se encuentre en el camino de la consciencia superior tiene que saber muy a fondo, el significado de los mundos internos en nuestro interior.

¿Por qué hay que construir esos mundos en nuestro interior? ¿Para qué los necesitamos? ¿Por qué tenemos que integrar la conciencia de cada plano de la Creación? Estas son preguntas que necesitan unas respuestas muy profundas, ya que todo ese trabajo nos lleva a un objetivo, a una individualidad superior más allá de la misma Creación.

Al construir los mundos internos estamos gestando nuestra propia Creación con todas sus conciencias positivas y negativas.

Es importante saber que cada uno de nosotros es una Creación, solo que los grados de algunas personas no lo alcanzan a comprender.

Cuando hablamos de que somos una mini Creación, podemos hablar un poco de los mundos sumergidos dentro de nosotros mismos; esos mundos que muchas veces no podemos comprender. Uno de ellos es el mundo de los sueños, en él tenemos nuestros familiares, amigos, enemigos y hasta desconocidos.

Este es un camino del saber consciente, de limpieza interior, de integración de conciencia y del eterno caminar evolutivo.

También podemos decir que por cada plano que pasamos, estamos plasmando en nuestro interior la construcción de esos mundos sumergidos nuestros.

Jamás se puede evolucionar sin haber internalizado la conciencia de cada plano; son las experiencias positivas y negativas las que nos hacen evolucionar.

Existen mundos desconocidos que en nuestro caminar evolutivo podemos ir conociendo, todos esos mundos están dentro de nosotros mismos, solo que hasta ahora no podemos tener acceso a ellos; nuestros grados no están al alcance de esos misterios.

A medida que vamos trabajando nuestro interior, estamos internalizando la conciencia del plano actual, entonces queda registrado todo tipo de experiencias en nuestro interior; eso es la formación de los mundos internos dentro de nosotros.

Los mundos internos constituyen la Creación nuestra, la pura individualidad en nuestro camino ascendente hacia la gran realidad macrocósmica. De no construirse los mundos internos no será posible nuestro verdadero nacimiento como un Creador.

Todos esos mundos en nuestro interior tienen que poseer la conciencia integrada por nosotros, en nuestro caminar.

Nuestro amado Ser es el que se encarga de absorber todas las experiencias a través de nuestra evolución en el camino divino. Él es el que toma todas las consciencias para construir esos mundos sumergidos en nuestro interior.

Es necesario seguir en este camino evolutivo, sólo así podemos conocer los grandes misterios que nos rodean y que están en nuestro interior profundo.

La existencia de la Creación es continua, comenzando por los microorganismos, microcosmos, el cosmos, el macrocosmos y así sucesivamente, es una continuidad de evolución; no existe espacio fuera de alguna Creación.

Siempre estaremos dentro de un cuerpo, dentro de una Creación, todo está conectado a una continuidad.

Esperamos que este conocimiento lo comprendan y de esa manera se abra la comprensión de que el cosmos no es infinito, que cada uno de nosotros somos lo que somos; una Creación en miniatura, a nuestro nivel y tamaño.

Estamos expresando un conocimiento con base a grandes investigaciones que hemos hecho en los diferentes reinos de la Creación y la importancia de ellos, incluyendo nuestra propia existencia.

El ser humano desconoce por completo muchos aspectos del camino ascendente, solo sabe que existe un Dios, pero no sabe cómo es él, dónde está y qué cosa es la Creación. Tampoco conocen nuestro propio origen, no saben ni siquiera para dónde vamos.

La Creación no es otra cosa que un cuerpo, solo que no podemos alcanzar a comprender la magnitud de la grandeza existente en ella.

Les podemos hacer unas preguntas a aquellas personas que no comprendan estos conocimientos; ¿de dónde proviene la vida de la Creación? ¿Por qué los reinos existentes mantienen todos los seres vivos que por ellos pasan? También, podemos hacernos otra pregunta, ¿por qué existen dimensiones y planos?

No podemos estar sometidos a viejas grabaciones psicológicas, creyendo en falsas creencias que solo sirven para nuestro estancamiento evolutivo. Jamás podrán comprender la verdadera realidad, si no se abren a las profundas investigaciones de nuestro propio origen y saber que la Creación existe por algún motivo.

El ser humano ni siquiera comprende sus propios sueños, no puede navegar libremente por sus mundos internos, solo lo hace inconscientemente y a penas recuerda lo que soñó.

Como hemos dicho, existen muchas incógnitas y misterios que leyendo y creyendo no vamos a llegar a ninguna parte, solo investigando lo podemos hacer.

A través de este camino de consciencia superior es que vamos construyendo nuestro verdadero cuerpo, para convertirnos en un verdadero Ser superior y a la vez ser un Creador con todos sus mundos.

Este es el camino del eterno caminar, nunca se deja de evolucionar.

Cuando el ser humano dice que hay que llegar a Dios, muchas veces no sabe ni conoce cuál es el verdadero camino.

Para llegar a Dios tenemos que seguir el camino de la evolución humana e ir internalizando la conciencia de cada plano, eso nos hace construir nuestros propios mundos internos; si no los construimos jamás podemos llegar a Dios. Solo existe ese camino, no hay otro; todos tenemos que evolucionar.

No podemos decir que cuando uno llega a la maestría ya llegó a Dios, cuando sucede eso ha sido la llegada a la luz y no a Dios.

La verdadera razón de construir los mundos internos es la llegada a la morada de ese grandioso Ser, el regreso a casa, el paso al macrocosmos; a esa Creación paralela.

La llegada a Dios no se hace creyendo, se hace trabajando por la humanidad, pagando nuestras deudas kármicas e internalizando la conciencia de todos los planos de la Creación.

En el camino hacia la luz es donde se pagan todas las deudas kármicas, es donde se limpia el camino evolutivo.

Por el camino de los mundos internos es por donde se llega a Dios, no hay otra forma.

Si muchos creen y duran toda una vida creyendo en que se van a salvar, están muy equivocados. Tenemos que decirles que no existe tal salvación, eso es una falsa creencia, como también lo es el llamado infierno y aquel señor denominado con el nombre de Lucifer o Satanás.

Solo caminando a través de los planos evolutivos se puede llegar a obtener altos niveles de conciencias superiores; ese es el verdadero camino que nos lleva de regreso a casa.

En el libro titulado: DE LA MANO DEL SER CAMINO A CASA, explicamos muy bien el camino evolutivo.

Solo aquellas personas que se encuentren en el sendero de la consciencia superior, saben que existen un sin números de misterios que aún en los niveles más altos, apenas estamos comenzando a descifrar el conocimiento divino.

Cuando un discípulo del conocimiento evolutivo se encuentra en el camino de la consciencia superior, va adquiriendo muchas sabidurías e iluminando su interior.

Todo aquel que se decide a buscar su propia evolución, tarde o temprano llega a convertirse en un iluminado del conocimiento superior.

En el camino divino, la vía de llegada a nuestra morada son los mundos internos, a través de ellos vamos calando grados conscientivos y descubriendo niveles de conciencia jamás imaginados.

A través de los mundos internos es por donde uno llega a convertirse en un gran Dios del cosmos, creador de mundos, constelaciones y sistemas solares.

CAMINO HACIA
LA CONSCIENCIA DIVINA

En la tercera esfera de la Creación debemos hacer un trabajo continuo por la humanidad y por nuestro avance interno, ya que de una vez y por todas tenemos que evolucionar.

En el camino de la liberación de nuestro Ser debemos actuar conscientemente, mantener una armonía en nuestro comportamiento diario y vigilarnos de momento en momento para no cometer errores que nos atrasen nuestra evolución hacia otro plano de consciencia superior.

Desde nuestro desprendimiento como chispa divina hemos venido internalizando todo tipo de conciencias en todos los reinos y aún nos falta mucho por recorrer.   Todos debemos llegar a obtener una conciencia sumamente divina, ya que en nuestro camino existen las herramientas necesarias para hacerlo.

Nuestra conciencia es también parte del cuerpo de Dios. Todas las conciencias son divinas por ser estas desprendidas de ese divino Ser superior.

En nuestro caminar tenemos que mantener una armonía con todo lo que nos rodea, con la naturaleza y con nuestro entorno; eso nos garantiza un avance más rápido y una vigilancia continua con nosotros mismos.

No debemos poner nuestra conciencia al servicio del mal, ya que un evento como ese nos atrasa en el camino que nos conduce a la conciencia divina, tampoco nos permite elevar nuestro nivel conscientivo dentro del cuerpo vivo de Dios.

En el sendero luminoso tenemos que trabajar constantemente aumentando el comportamiento positivo, eso nos va a ayudar en nuestro caminar evolutivo.

El solo pensar que estamos dentro del cuerpo de Dios nos da a entender que debemos actuar positivamente con todo lo que nos rodea, hasta con nuestros propios pensamientos.

El comportamiento de todo aquel que anda en busca de la conciencia divina debe ser constantemente positivo. El actuar negativamente no nos lleva a ninguna parte, solo nos atrasa en nuestro caminar hacia lo desconocido.

Nuestra misión tiene que ser constantemente continua con la humanidad y con nuestro trabajo interno, ya que eso es lo que nos va a llevar a conocer otros niveles de conciencia divina.

Con cada acto positivo que aportemos a la humanidad y a favor de las jerarquías divinas, es un paso más que avanzamos en el sendero luminoso rumbo hacia los estados de conciencias superiores.

Todos los seres humanos estamos en la tercera dimensión internalizando la conciencia humana, ya que este es un plano de seres pensantes con cuerpo de materia y de células.

Aún los seres que se encuentran en las altas esferas luminosas están internalizando niveles de conciencias desconocidos. Todos los que se encuentran dentro del cuerpo vivo de Dios están en continuo movimiento evolutivo.

Todos tenemos que avanzar hacia las dimensiones superiores de conciencias e internalizar dentro de nosotros el ultra, ya que las dimensiones están dentro de nuestro interior profundo.

Es mucho el trabajo que hay que hacer para llegar a los niveles superiores divinales, ya que estamos en un mundo donde tenemos la lucha contra la maldad y la oscuridad que se encuentra fuera y dentro de nosotros mismos.

Cada ser humano posee dentro de su interior un lado oscuro, eso lo podemos identificar como un aglomerado conjunto de defectos en nuestro interior; esos son pequeños monstruos oscuros llamados, agregados psicológicos. Cada defecto que opera en nuestro interior nos atrasa en nuestro avance espiritual evolutivo, ellos son los responsables de nuestro mal comportamiento en el diario vivir y con la humanidad.

En el libro: CONSECUENCIA DEL FANATISMO, del Venerable Maestro Ascendido Desoto, nos explica muy bien cuáles son las técnicas que se usan para expulsar de nuestro interior todos y cada uno de esos defectos que nos hacen oscuras nuestras existencias, como seres humanos que somos.

No podemos perder de perspectiva que somos seres humanos que venimos navegando en un mar de existencias tridimensionales, tratando de evolucionar y de llegar a los más altos niveles conscientivos divinales.

Hablando enérgicamente, no podemos poner al servicio de la oscuridad nuestro nivel de consciencia ya alcanzado por nuestros trabajos internos. No podemos ser esclavos de la parte oscura que cada uno lleva dentro.

Podemos poner un ejemplo de esa parte oscura que está en nuestro interior. Sabemos que el odio, el rencor, la codicia, el resentimiento, la burla, el robo, la ira, la mentira, la delicadeza negativa, la venganza, el adulterio, la soberbia, la infidelidad y no se nos puede quedar el miedo, que también es un defecto negativo, se encuentran en nosotros. Vire atrás a leer todos esos defectos. ¿No cree que todo ese archivo negativo sea de usted? A esa parte oscura es a la que nos estamos refiriendo.

Mientras llevemos todo eso en nuestro interior, podemos decir que somos unos pequeños monstruos oscuros. Imagínese todos esos pequeños monstruos actuando al mismo tiempo negativamente. ¿Podrán soportarlo? Pues sígame y se liberará de esa oscuridad que existe en su interior profundo.

No es posible que si está en nosotros sacar todas esas negatividades, todavía no estemos en una búsqueda de nuestra limpieza interna, de nuestra liberación de nuestro Real Ser, que espera el momento de su integración con nosotros en el camino ascendente hacia lo desconocido.

Una vez alcancemos un grado de consciencia en este camino, no podemos cometer actos negativos que nos lleven al retroceso de nuestra evolución. No podemos actuar por un lado positivo y por otro negativo, entonces no sería posible el avance de nuestro interior en el camino que nos conduce a la conciencia divina.

Son muchas existencias por las cuales hemos pasado completamente dormidos sin saber ni conocer el camino que nos espera como chispa divina que somos.

Debemos, cada día que pasa, hacer un balance de nuestro comportamiento negativo para de una vez y por todas comenzar a elevar nuestra consciencia a un nivel superior.

Si no hacemos ese trabajo, no podemos alcanzar un avance en nuestro camino rumbo a la integración con nuestro Ser.

Es mucho lo que se ha hablado de la consciencia y son muchos los que desconocen cómo y cuándo se obtiene dicho componente en nuestro interior.

Existe la consciencia positiva como también la negativa, eso depende de nuestro comportamiento en el diario vivir.

Los actos positivos nos aumentan la consciencia positiva y la negativa nos eleva el grado de maldad en nuestro interior.

Con todos estos actos negativos estamos retrasando el avance en el camino de nuestra realización de nuestro Real Ser. No podemos seguir en este valle de lágrimas sufriendo de existencia en existencia, olvidándonos de nuestra evolución, como un barco sin rumbo que no sabe para dónde va. Tenemos que despertar de este sueño holístico inconsciente que nos tiene atrapados en la garra egoica existencial.

Para construir la consciencia negativa se necesita tener un pensamiento con una energía muy densa y luego personalizarlo en un acto, entonces obtendremos un resultado de una conciencia negativa.

Tenemos que hacer lo contrario si queremos avanzar en este camino luminoso, hay que cambiar los actos negativos por los positivos.

Hemos querido traer este tema para que de una vez y por todas terminemos con nuestro mal comportamiento negativo que nos atrasa en el camino que nos conduce a Dios.

Es necesario comenzar a hacer un trabajo de purificación interna que nos lleve a elevar nuestros grados de conciencias positivas y dejar atrás todo tipo de mal comportamiento con la humanidad, con la naturaleza y en contra de nosotros mismos.

Tenemos que respetar a todo aquél que nos rodea, no importa que sea bueno o malo, todos somos partes de la naturaleza y de la Creación, todos vamos de regreso a casa hacia nuestro verdadero nacimiento, hacia la Creación paralela, donde existe la verdadera realidad, donde lo inmanifestado se hace manifestado y es donde verdaderamente nace nuestro origen.

Dentro de la inmensidad cósmica apenas estamos comenzando a evolucionar, el camino es largo pero hay que caminarlo queramos o no; todos llevamos el gen de la evolución en nuestro interior.

MÁS ALLÁ DE LA COMPRENSIÓN HUMANA

Cuando hablamos de la comprensión debemos saber que hay diferentes grados de comprender los eventos que a diario vemos en el ser humano y que muchas veces pueden ser positivos o negativos, todo depende de la manera en que lo veamos.

Dentro de la sociedad que nos rodea se dan muchos eventos que para cualquier persona le es difícil comprender, pero para aquel que se encuentra en el camino de la conciencia superior, es más fácil entenderlo por su nivel de comprensión.

Este es un camino que nos conduce a tener y a elevar todo lo que tenga que ver con nuestros grados de consciencia. Por ejemplo, uno de los componentes es la comprensión. Debemos ver las pruebas y los procesos a los cuales somos sometidos con un nivel superior de comprensión, verlos desde un punto de vista trascendental.

Cada día que pasa el ser humano debe saber que dentro de nosotros existe un gen que nos llama a un crecimiento superior, a un nivel de consciencia más allá de este plano tridimensional humano.

De acuerdo con nuestro crecimiento interno podemos trascender los grados de comprensión humano. Todo esto se puede lograr trabajando en contra de nosotros mismos, en contra de todos los defectos que llevamos en nuestro interior, de no ser así no podemos llegar a tener un nivel superior de comprensión.

Si no buscamos y estudiamos el camino de la consciencia superior, siempre estaremos sumergidos dentro de la incomprensión humana.

Todo aquel que haga un trabajo de limpieza psicológica, estará en el camino de elevar todos los componentes que en su interior lleva; uno de ellos lo es la misma comprensión.

Debemos comprender a todo aquel que se encuentre equivocado; si observamos son muchos los que se encuentran en ese nivel de equivocación, no todos podemos comprender un evento de la misma manera.

En el camino de la evolución humana es mucho lo que debemos aprender e internalizar para poder evolucionar y llegar a obtener un nivel superior de conciencia y comprensión.

Cuando nos encontramos con un evento un poco negativo, podemos darnos cuenta que muchas veces hay situaciones que son de ley. El ochenta por ciento de las situaciones se dan por ley de recurrencia. Entonces, todos los eventos podemos verlos con el ojo de la comprensión superior, de esa manera estaremos usando un nivel de consciencia no humano, sino de leyes superiores.

Todo aquel que estudie las diferentes leyes que rigen al ser humano en su parte interna, debe saber que todos estamos sujetos a los efectos según sus hechos.

Las leyes se cumplen por encima de que crean o no crean; la ley es ley y estamos sujetos a ellas según nuestro comportamiento humano tridimensional.

Al ser humano lo rigen muchas leyes por la densidad de su plano y por tener el libre albedrío de pensar.

Según es la materia así es la ley a la que estamos sometidos; materia densa, ley densa según el plano.

Todo aquel que se encuentra equivocado cree tener una verdad. Existen diversidades de razones y verdades, pero si nos vamos un poco más allá podemos descubrir que solo existe una sola realidad dentro de la existencia humana.

En el camino de la consciencia superior podemos lograr altos niveles de comprensión, debemos incursionar en la multi dimensionalidad para poder llegar a convertirnos en seres iluminados dentro del cuerpo vivo de Dios.

Podemos decir con exactitud, que existen diferentes planos dentro de la Creación y del cuerpo vivo de Dios.

El ser humano está capacitado para incursionar e investigar todo lo que no se puede ver y que está más allá de este plano tridimensional. Por otro lado, debemos decir que aún el ser humano teniendo un nivel de comprensión humana, puede acceder por medio del camino de la consciencia superior y obtener niveles más altos de comprensión, si así se lo propone.

No podemos limitarnos en un camino que está lleno de sabiduría y que solo hay que convertirse en buenos investigadores de las dimensiones superiores, que aún esperan nuestra evolución humana para develarnos los grandes misterios que encierra la Creación y que están ahí para ser manifestados a su tiempo.

Todo aquel que quiera avanzar evolutivamente debe de pensar que existe un sin números de debilidades que cada uno de los seres humanos tenemos y que nos atan a este plano de consciencia tridimensional.

Podemos hablar de todas esas debilidades humanas. Una de ellas es el sentimiento que llevamos dentro; esta debilidad no nos deja distinguir un evento negativo de nuestra familia. Tenemos que ser imparcial, actuar individual con nuestra consciencia y no dejar que la complicidad nos domine. Si un hermano nuestro está actuando negativamente, no podemos darle la razón. ¿Dónde queda nuestra consciencia? Entonces, si lo hacemos estamos actuando con otra debilidad que poseemos en nuestro interior; la complicidad.

Esas son dos debilidades de tantas que el ser humano posee en este plano humano. Para no caer en complicidad con nuestra familia debemos tener un grado de comprensión superior, tener una consciencia clara en este camino, ya que cada cual tiene que responder por sus actos; sean positivos o negativos.

Todos somos individuales en este camino de la evolución humana. Las debilidades son para este plano de las energías densas, de materia celular, de pensamientos contaminados que no nos dejan avanzar en este camino de sabiduría superior.

Otra debilidad lo es el sueño, esta pertenece a nuestro cuerpo físico por ser un conjunto de células que a cada momento está gastando energías y necesita recargarse por medio de ésta.

Debemos saber que el ser humano necesita de todas estas debilidades para poder cumplir con su misión en este plano de consciencia humana, eso nos deja entender que nosotros somos transitorios en esta dimensión.

Cada uno de nosotros debe elevar su entendimiento humano, ya que estamos conectados a la Evolución que es la encargada de llevarnos a otros planos de consciencias superiores.

Es importante comprender a nivel superior, a todos aquellos que se encuentran equivocados, sean padres, hermanos, tíos o particulares. Si nosotros llegamos a integrar la comprensión superior, estaremos por encima de cualquier evento que tenga que ver con la incomprensión humana.

Todo aquel que se encuentre en el camino de la evolución humana está trabajando para trascender este plano, que solo es un valle de lágrimas y sufrimientos; donde los pensamientos se convierten en grandes obstáculos para nuestra ascensión humana.

Aquel que todavía se encuentre dentro de la comprensión humana, no podrá entender los eventos de altos niveles conscientivos, ya que para comprender algo que está en otro grado, tenemos que tener algo más que nuestros grados de consciencia humana; la comprensión superior.

Si llegamos a integrar este tipo de comprensión, podemos entender cualquier discusión, proceso o evento, sean positivos o negativos.

Cuando hablamos de eventos de esta índole, nos estamos refiriendo a un crimen pasional, sea colectivo o individual, violaciones de niños, hijos que matan a padres, muertes colectivas por algún fenómeno atmosférico y otros que siempre suceden en la sociedad que nos rodea.

Estos son eventos que por ley superior tienen que cumplirse, debido a que han sido ganados por sus causas y esos son sus efectos de las violaciones a las diferentes leyes; sean de la naturaleza o las divinas.

Entonces, basado en todo esto, debemos de buscar el camino que nos lleve a elevar nuestros grados de comprensión humana a un nivel superior.

Es hora de llegar a constituir un comportamiento adecuado dentro del cuerpo vivo de Dios.

Tenemos que elevar nuestro nivel de consciencia y cumplir con todas las leyes que nos rigen en este plano humano, no ser cómplice de los errores y de las violaciones que nos llevan a construir una carga de sufrimientos y de amarguras existenciales.

Todos somos pasajeros que vamos montados en el tren de la Evolución, rumbo a lo desconocido.

En este capítulo, hemos querido hablar de la comprensión superior para hacerles saber a los seres humanos de este plano, que ningún evento por grande que sea nos debe sorprender, no importa que sea de familia o de amistades cercanas. Todo tiene un porqué, son leyes que se tienen que cumplir por encima del sueño existencial humano.

Las leyes son leyes y se tienen que cumplir; en este plano estamos sujetos a ellas.

Son muchas las leyes que nos rigen en este plano de materia densa y que nos regulan nuestro comportamiento humano. Cada plano tiene sus leyes, es de la única manera que se controlan las infracciones que se cometen en contra de la Creación y de la naturaleza.

LO QUE EL SER HUMANO
TIENE QUE SABER

En el camino espiritual existen muchas creencias las cuales ni siquiera saben quién es Dios en realidad. Muchos dicen que todos somos hermanos y esa es una de las más grandes verdades de la que ellos han pronunciado, aunque ni siquiera saben el gran significado que encierra tal expresión.

Es hora de que el ser humano se dé cuenta dónde y en qué lugar vive. Estamos viviendo dentro de un inmenso cuerpo que posee vida y que también va en evolución, ese es el gran significado de que todos somos hermanos.

Nadie ha podido ver el rostro de ese grandioso Ser, "el señor de la Creación". Debemos dedicarnos a descubrir todos los misterios que encierra esta Creación en la que vivimos en la actualidad.

No podemos dedicarnos al simple creer, eso no nos lleva a nada en este camino de la evolución humana y de la sabiduría divina. Todo lo que vemos y lo que no, está dentro del cuerpo de Dios.

Ese divino y glorioso Creador de todo lo que existe solo se puede ver y palpar a través de sus múltiples manifestaciones dentro de la naturaleza y de la Creación.

Es imposible dentro de la Creación ver su rostro, lo demás, son simples creencias. Nosotros somos seres vivientes dentro de una célula de un cuerpo gigantesco e inmenso jamás imaginado por los seres humanos de la tercera esfera de la Creación.

El ser humano siempre ha vivido creyendo en algo que jamás se acerca a la verdadera realidad, tiene una creencia muy lejos de lo que es Dios dentro de la Creación y dentro de nosotros mismos.

Hemos tenido que hablar un poco profundo sobre este tema por ser algo muy importante que la humanidad debe comprender; dónde está ese grandioso Ser que tanto lo aclamamos y lo adoramos.

Este es un tema muy complejo debido a que hemos tenido una grabación psicológica desde el momento de nuestro nacimiento. Es difícil que la humanidad acepte otra cosa que no sea la que siempre ha tenido como creencia.

Se ha hablado mucho de los llamados cielos, que no son más que las dimensiones en las cuales se desenvuelven los diferentes planos evolutivos de la Creación y que el ser humano desconoce por completo cuáles son sus funciones con todos los seres vivos.

Existe una falsa creencia de que el cielo es un lugar donde hay un departamento llamado la gloria y otro llamado el infierno.

Siempre se le ha enseñado al ser humano todas estas falsedades que no tienen razón de ser ni mucho menos sentido común.

Todas estas creencias invalidan por completo lo que es la evolución de todos los seres vivos y también las mismas existencias humanas.

Ahí podemos ver cómo está perdida la humanidad de la verdadera realidad de lo que tiene que saber, de ese misterio que siempre ha estado guardado y que nunca se le ha dicho que estamos dentro del cuerpo de Dios. La

Creación es un cuerpo que se mueve al igual que nosotros, somos hechos a imagen y semejanza de Él.

Todos estos secretos son un poco difíciles de creer para la humanidad, en su mente no cabe la posibilidad de que podemos estar dentro de un inmenso cuerpo jamás imaginado por nuestra mente humana; debido a que nunca se nos habló de la verdadera realidad de quién era ese grandioso Ser y que nunca hemos podido ver su rostro.

Tenemos que decir que el nombre de Dios ha sido creado por los seres humanos; ese calificativo, en ningún tiempo ni en ninguna época, ha bajado un Ser diciendo que ese es el nombre del divino Creador de todo lo que existe.

Jesús el Cristo lo llamó el Padre, pero nunca dijo que se llamaba Dios, otros le dicen Alá el todopoderoso, el Ser Supremo y tantos otros nombres que se le ha puesto a ese grandioso Ser.

Jesús sí dijo que éramos pequeños dioses, ese es un nombre que se le ha dado a ese grandioso Ser para que esta humanidad lo distinga de todas las Jerarquías que existen, como el Ser más grande, como lo superior.

Existen frases muy significativas que encierran grandes verdades, una de ellas lo es: "Dios es lo más grande que existe". ¡Claro, la Creación es su cuerpo! Otra frase, "Dios lo ve todo". Nuestro Ser es una chispa divina desprendida de su grandioso Ser Supremo y él está en cada uno de nosotros. Tenemos otra; "Dios nos da la vida" ¡Por supuesto, la vida fluye a través de la Creación y la misma es su propio cuerpo!

Entre otras palabras, la humanidad no se imagina el gran significado que encierra cada una de ellas.

La humanidad siempre ha estado atrapada en las diferentes creencias y no es muy fácil hacer que ella cambie su forma de pensar cuando hablamos de espiritualidad.

Muchos llegan a caer en el gran fanatismo de no creer en otra cosa que no sea lo que ellos han leído y lo que siempre se le ha enseñado a través del tiempo y de las creencias. Entonces, de ser así jamás van a aceptar que todos estamos dentro de un cuerpo y que la Creación en su conjunto es la manifestación de Dios.

Dios está en todos lados, su energía vibra en todo su cuerpo, no importa dónde ni en qué lugar nos encontremos, siempre estaremos dentro de su grandiosa e inmensa Creación. No podemos buscar a un Ser dentro de su propio cuerpo, jamás lo encontraremos.

El hablar de esto es para muchos, inaudito, ya que siempre hemos tenido una grabación de que Dios está dentro de la Creación, en un lugar o en un trono con alguna corona ordenando y castigando a todo aquél que con él no esté de acuerdo.

Tenemos que decir que Dios es misericordia, amor, bondad, alegría, ternura, perdón, mansedumbre y otras tantas manifestaciones positivas que se desprenden de él.

Si la humanidad llegara a saber la verdadera realidad de la Creación, se le caería el manto a muchas creencias de aquellas que siempre han creído; principalmente que existe un lugar llamado infierno y un Dios que castiga a cualquier ser vivo que no esté de acuerdo con él.

Esa no es la verdadera realidad de la Creación, Dios es un grandioso Ser que también va en evolución y posee un cuerpo igual al de nosotros, solo que Él se encuentra en un nivel macrocósmico e inmensamente grande, sometido a una Evolución superior. Cuando hablamos de evolución, siempre hemos dicho que el camino es largo y que nunca se deja de caminar.

Todos los seres vivos de la Creación vivimos dentro de una réplica de la verdadera realidad que se encuentra más allá de esta Creación.

El sendero divino tiene muchos caminos; existe el de las creencias, ahí podemos durar muchas existencias en el reino humano tratando de buscar la evolución de nuestro Real Ser. Este camino de las creencias solo nos brinda una sola opción, la fe. Aquí creemos que existe un Dios pero nunca investigamos dónde está ni cuáles son sus manifestaciones. Solo es un camino de puras creencias y de grabaciones psicológicas. Siempre estarán atrapados en las épocas remotas, en enseñanzas obsoletas que no nos sirven para nada en este tiempo en el que nos encontramos actualmente.

Estamos en un tiempo de pura evolución donde hay que aplicar otros conocimientos más elevados, como el que se nos daba en aquellos tiempos medievales.

En las épocas medievales no se podía hablar abiertamente de las dimensiones superiores ni de cosas misteriosas, ya que el que lo hacía podía ser colgado o quemado en una hoguera como si fuera un brujo o bruja.

Así mismo han seguido las diferentes creencias que existen, creyendo que si se habla de investigar quién es Dios a través de las dimensiones, eso sería pertenecer a una secta satánica y eso para ellos no se puede hacer.

Ha llegado el tiempo de decirle a la humanidad la verdadera realidad de quién es ese Dios, del que tanto se ha hablado a través de los siglos y de los millones de años que tiene este planeta por donde tantas humanidades han pasado.

Mientras sigamos en el camino de las creencias no podemos descubrir la verdadera realidad de la Creación y de nuestro existir como seres humanos que somos.

Nunca veremos a ese Creador de todo lo que existe mientras no aceptemos, que tenemos que seguir el camino de la Evolución a través de todos los planos de la Creación. Solo evolucionando podemos descubrir la grandeza que hay en ese Creador que tanto mencionamos y que no conocemos las tantas manifestaciones que de él emanan.

Somos una de esas manifestaciones divinas, somos chispas desprendidas de esa gran conciencia superior.

NUESTRO OBJETIVO EN LA TERCERA ESFERA DE LA CREACIÓN

Es importante saber, comprender e internalizar todo lo que aquí vamos a explicar de acuerdo a nuestra comprensión humana.

Debemos comprender que no existe nada que esté por encima de las diferentes leyes que regulan nuestra evolución humana.

El ser humano al pasar por esta tercera esfera viene a concretar su avance hacia los planos superiores de conciencia; todos venimos en busca de las diferentes experiencias que nos brinda este plano de materia densa.

Una vez vivido e internalizado todos estos eventos que nos ofrece esta esfera, obtenemos nuestro crecimiento evolutivo.

No podemos pensar que una técnica venga a trascender las leyes de la Creación. Todas esas leyes están ahí para cobrar las diferentes violaciones que nosotros, como seres humanos, hemos cometido al pasar por esta tercera esfera; que no es otra cosa que el plano humano.

Las leyes fueron creadas para regular el paso evolutivo de todos los seres pensantes reinantes de esta esfera.

Aquél que viola las leyes está sujeto a ser sometido a duros procesos que le cobrarán más adelante, a medida que vaya avanzando en este camino de la ascensión humana.

No existe técnica alguna que libere a los violadores de las leyes divinales o de la Creación en su totalidad.

La Creación no da saltos ni mucho menos nuestro crecimiento evolutivo, todo está en el orden divino, para eso fue que el Señor de la Creación creó las diferentes leyes, para regular nuestro paso por este plano humano.

Nosotros los seres humanos nos desprendimos de la conciencia superior de Dios, en busca de las diferentes experiencias que nos pueden brindar los planos de la Creación.

Cada ser humano tiene un crecimiento completamente individual, las experiencias son diferentes debido al grado de conciencia y de acuerdo con los delitos cometidos.

Por otro lado, debemos comprender que si cualquier ser humano comete una violación, tiene que responder por su acto negativo. No podemos hacernos responsable ni tampoco culpable de lo que otro comete, no es nuestra conciencia la que está actuando negativamente, por lo tanto, la ley divina cobrará a quién cometa la violación.

El crecimiento es individual, las experiencias son diferentes, cada ser humano tiene un avance de acuerdo a su trabajo realizado por su interior y por la humanidad que le rodea.

La ley divina no le cobra a ningún ser humano los actos negativos que otro comete, tampoco responsabiliza a nadie que esté en el orden divino, ya que cada cual tiene una conciencia diferente.

En este camino debemos antes que nada ser buenos investigadores del conocimiento que nos pueda brindar un crecimiento en nuestro caminar evolutivo.

No podemos pensar en ningún momento que los planos están hechos para brindarle a todo aquél que viene en evolución, experiencias bonitas y agradables, de ser así no podríamos internalizar las diferentes conciencias humanas.

Tenemos que vivir experiencias buenas y malas, ya que debemos conocer lo que es el bien y el mal.

A través de la internalización de las experiencias es que el plano humano nos brinda nuestro crecimiento y el avance del Ser.

Si nosotros no cometemos infracciones en contra de la naturaleza y de la Creación, las jerarquías encargadas de nuestra evolución no pueden procesarnos por medio de las pruebas y los procesos, ya que cuando estamos pasando por algún evento llamado prueba, nos encontramos internalizando una conciencia de algo cometido en alguna existencia ya vivida.

Jamás podemos pensar que va a venir alguna técnica que nos vaya a liberar, por medio del perdón de algún delito horripilante que nosotros hayamos cometido en contra de las leyes divinas o de la naturaleza. Lo que cada quién hace es responsabilidad suya, cada uno es responsable de sus propios actos, sean positivos o negativos.

El crecimiento espiritual no se le puede quitar a ningún Ser que vaya en evolución, ya que su avance radica en ser sometido a los duros procesos que nacen de los delitos del pasado que se hayan realizado en algún tiempo de nuestras existencias.

El objetivo de nuestro Ser al pasar por este plano es vivir todas las experiencias buenas o malas que le brindan las dimensiones a través de las diferentes violaciones o infracciones que se cometan. Eso marca todas las existencias que van a ser vividas por ese Ser en este plano y también, va a constituir la eternidad dentro del reino humano.

Como hemos dicho en algunos párrafos, no pueden existir técnicas algunas que liberen a nadie de la responsabilidad que haya adquirido, por medio de las violaciones realizadas por su mal comportamiento en esta existencia o en alguna pasada.

Nadie es responsable del mal comportamiento negativo de otra persona, cada uno responde por sus karmas adquiridos en cada existencia. No podemos ser culpables ni siquiera por los nuestros, ya que esas son experiencias que tenemos que vivir para poder ascender el plano en que vivimos, de no ser así no puede haber un crecimiento evolutivo humano.

Tenemos que estar claros en este camino, ya que cada uno tiene que vivir sus propias experiencias.

Los procesos son el resultado de las diferentes violaciones cometidas en contra de las leyes naturales o divinas.

Cada uno que cometa un acto repugnante, está generando una carga energética negativa que luego tendrá que responder por medio de una prueba o un proceso no muy agradable.

Debemos comprender que existen muchas técnicas y prácticas que nos dan excelentes resultados para nuestro avance espiritual. Todos podemos adoptar en nuestro camino de ascensión humana, diferentes tipos de prácticas que van a trascender todos los karmas de nuestras existencias.

Tenemos que recordarles que cada uno de nosotros venimos cargados con una mochila existencial donde se encuentran todos los actos positivos y negativos cometidos por nuestra conducta inconsciente.

Todos tenemos que saldar cuentas con las leyes que nos rigen en este plano, no podemos librarnos así por así de nuestros karmas. Cada cual tiene que responder por lo suyo, sea bueno o malo, a cada uno se le da lo que se ha ganado.

Debemos pagar por nuestros actos negativos, ya que fuimos cada uno de nosotros los que infringimos la ley sin mirar las consecuencias por nuestros malos comportamiento en el mar existencial humano.

Cada uno que haya hecho mal a su semejante es el responsable de sus actos y tiene que estar preparado para las consecuencias venideras.

Nadie puede pagar por lo que otro cometa en cualquier existencia del pasado.

El crecimiento espiritual de cada cual es individual, ya que cada ser humano posee una conciencia muy diferente a otro.

Los delitos son cometidos de acuerdo con el grado conscientivo interno, de ahí depende el crecimiento energético negativo o positivo de nuestra existencia.

Debemos elevar nuestra conciencia a un nivel superior dentro del camino directo hacia Dios.

El ser humano ha tenido cientos o quizás miles de existencias dentro de lo que es el plano humano, no obstante, siempre ha cargado con una mochila existencial llena de deudas kármicas. Esas deudas se convierten en duros procesos a los cuales el ser humano es sometido, de esa manera puede haber un equilibrio con las leyes que nos rigen.

Tenemos que respetar todas las leyes dentro del cuerpo vivo de Dios. Hay que tener un comportamiento positivo y dejar de infringir las diferentes leyes que existen.

Todos somos transitorios dentro de este plano humano, hay que despertar y dejar de cometer tantos delitos en contra de la Creación y de la naturaleza.

Todo se mueve dentro de la Creación, nada es estático, todo evoluciona, hasta la misma Creación se encuentra en plena evolución.

Nuestro avance depende del comportamiento que podamos tener en nuestro diario vivir. Si actuamos positivamente podemos tener una actitud agradable dentro de la sociedad que nos rodea, pero si actuamos negativamente no podemos ser una persona sencilla, ya que donde quiera que nos encontremos no seremos bien recibidos.

Nuestra actitud positiva tiene que estar por encima de cualquier evento humano, debido a que cada uno de nosotros llevamos a Dios en nuestro interior profundo.

Debemos crecer y aumentar positivamente nuestra conciencia en el camino de la ascensión humana.

NUESTRO COMPORTAMIENTO HUMANO

Todo aquello que tenga vida es producto de un principio y de un movimiento; todos somos seres vivos que pertenecemos a una Creación la cual sustenta nuestro existir.

El ser humano es una diminuta conciencia que se desprendió de un crecimiento dentro de la profundidad de la misma Evolución, es el resultado de un nivel de conciencia muy superior.

Todos llevamos esa influencia en nuestro interior profundo, somos la continuidad de los diferentes espacios y del propio existir.

Somos diminutos seres pensantes que vamos avanzando hacia una gran inmensidad de espacio, sustentado en la continuidad del existir.

Analizando lo que somos, nuestro comportamiento no es de lo mejor con la naturaleza y con las diferentes leyes que a nosotros nos rigen en esta Creación, a la cual pertenecemos.

Todos sufrimos por nuestro comportamiento humano, somos el resultado de nosotros mismos.

Si nos comportáramos como producto de una conciencia superior, para nosotros no existiera el dolor ni el sufrimiento, ya que todos estos son generados por nuestro comportamiento humano.

Debemos tener un control de los pensamientos negativos emanados por nuestra forma de pensar.

Todos somos un conjunto de elementos constituidos por el paso evolutivo de nuestra chispa divina, por los diferentes planos de la Creación, pero nuestro comportamiento humano atrasa el crecimiento y los avances conscientivos de todos aquellos que buscamos la grandeza y la evolución de nuestro Real Ser.

Queremos que todos aquellos que buscan este camino de la conciencia superior, se detengan a pensar porqué vivimos dentro de un cuerpo que tenemos que cuidar a través de nuestro comportamiento humano. Tenemos que respetar todas las leyes del cuerpo vivo de Dios, ya que estamos dentro de él.

Hay que mejorar nuestro comportamiento humano día tras día, eso nos dará una grandeza y a la vez unos avances en nuestra conciencia humana.

Si hiciéramos conciencia de lo que en realidad somos, nuestro comportamiento fuera otro dentro de esta Creación a la cual pertenecemos en la actualidad.

A medida que vamos avanzando en el camino de nuestra evolución, la conciencia se hace más luminosa y el comportamiento humano cambia radicalmente.

No podemos seguir cometiendo infracciones en contra de la Creación, ya que ésta es un cuerpo que posee vida y nos brinda todos los elementos para nuestro avance en el camino eterno de nuestro caminar.

El ser humano dice querer mucho a Dios, pero vive constantemente violando todo lo que dentro de su cuerpo existe.

Existen muchos que tienen un concepto muy errado de lo que en verdad es Dios, creen que es un Ser que está fuera de esta Creación, que él vigila nuestro comportamiento negativo desde afuera o que él es un Ser supremo que posee una vara castigadora.

Existen muchas creencias que también dicen que Dios está sentado en un trono mandando a diestra y siniestra.

No es posible decir que Dios es culpable de que se le queme un hogar a una familia humilde, diciendo: "Dios lo quiso así". Eso es un error acusar al Creador de tan siniestro evento, del sufrimiento de una humilde familia.

Hasta ahí llega la creencia errada del ser humano, pensar que el divino Creador de todo lo que existe es culpable de los diferentes eventos negativos que le pasan al ser humano.

Ese es nuestro comportamiento humano dentro de esta Creación, dentro del cuerpo vivo de Dios.

Por otro lado, tenemos que cambiar nuestra forma de pensar.

Existen muchos que piensan muy negativo de ese grandioso Ser. Si alguien tiene un accidente, en seguida culpan al Creador diciendo: "Dios lo quiso así". Otros dicen que Dios condena a las personas malas; son muchos los que acusan a ese Ser supremo.

En realidad, somos nosotros mismos los que a través de las diferentes violaciones a las leyes divinas, naturales y cósmicas, nos tiramos las leyes en contra de nuestra propia existencia.

Todas esas violaciones a la Creación nos las tienen que cobrar tarde o temprano, en alguna existencia de nuestro existir.

Si el ser humano no violara tantas leyes y supiera comportarse con la naturaleza y con todo lo que le rodea, su existencia fuera menos dolorosa y más dhármica, ya que por nuestro comportamiento negativo es que no podemos disfrutar de la felicidad y de la alegría que nos puede brindar nuestra existencia humana.

El ser humano después que se cansa de violar todo tipo de leyes y cometer tantas aberraciones, cree que el divino Creador de todo lo que existe le va a premiar por su mal comportamiento en contra de las diferentes leyes que existen.

Dios hizo las leyes que rigen a todos los seres vivos de esta Creación, no importa qué tipo de leyes sean, todas están dentro del cuerpo de Dios. Es la misma Creación la que ajusta cuentas con todo aquél que hace o comete cualquier error, delito o violaciones en contra de la Creación en su totalidad.

El ser humano todo el tiempo ha culpado a Dios de todas sus desgracias y fracasos, nunca se detiene a mirar su mal comportamiento con la sociedad y su entorno.

Debemos saber que el cuerpo del ser humano está lleno de puntos luminosos que constituyen nuestro sistema energético luminoso.

En nuestro interior existen millones de millones de células energéticas; estas células están llenas de agua y energía.

Todo lo que está por fuera, está por dentro, nosotros somos un microcosmos en miniatura.

Con todo este conocimiento queremos decirles que los planetas son células del cuerpo de Dios, ellos poseen agua y energía. Si nos vamos un poco más adentro en el cosmos, ahí vamos a encontrar billones de billones de estrellas. Ellas vienen a constituir todos los puntos luminosos los cuales estamos mencionando que nosotros los seres humanos, poseemos en nuestro interior. Todos estamos hechos a imagen y semejanza del divino Creador, el mismo Jesús dijo: "Vosotros sois dioses". Es ahí el misterio que nadie ha podido ver a ese grandioso Ser, todos estamos dentro de su cuerpo.

Si en algún momento llegáramos a pensar que eso jamás puede ser, le podemos decir que si nos vamos a la relatividad y de acuerdo con la grandeza del cuerpo de Dios, entonces está claro que todo lo que está por fuera, está por dentro; solo que está en miniatura.

El divino Creador nos da la vida a través del planeta y de la Creación, nos da su energía a través de los diferentes soles que existen en el cosmos.

Es importante que este secreto la humanidad lo conozca, ya que siempre ha sido engañada a través de los tiempos por las diferentes creencias que han existido y que todavía no pueden entender los diferentes misterios que existen.

Jesús dijo que estamos hechos a imagen y semejanza de Dios.

Para el ser humano es imposible creer que todos estamos dentro del cuerpo de Dios; basta ahora la humanidad cree que Dios está en algún lugar, galaxia, sistema solar o en algún reino con una corona observando la Creación en su totalidad, para luego castigar o premiar a todo aquél que cometa algún acto, sea negativo o positivo.

Tenemos que detenernos a pensar que ese grandioso Ser, de algún lado surgió, no podemos limitarnos a la pura creencia, debemos investigar en su profundidad lo que es la grandeza de la Creación y hasta del mismo Dios.

¿Qué es la Creación? ¿De dónde surgió? ¿Fue Dios quien la hizo? Si no fue él, ¿quién fue? Entonces él no podría estar dentro de ella.

¿Qué hay fuera de la Creación? Estamos haciendo preguntas para que todo aquél que quiera seguir investigando lo haga, ya que no podemos limitarnos al simple creer. Existen misterios y misterios que esta humanidad tiene que conocer.

Tenemos que desentrañar muchos misterios para estar claros con nuestra evolución, ya que tenemos que saber para dónde vamos y dónde vivimos.

LA JERARQUIZACIÓN INTERNA

En este capítulo queremos explicar cómo se da el crecimiento y el avance del ser humano en el camino divino.

Debemos saber que el ser humano está lleno de debilidades que le atrasan el camino de la ascensión.

Si observamos, cada ser vivo está sujeto a la ley de la Evolución, todos tenemos que hacer un trabajo por nuestro avance, ya que no podemos quedarnos atascados en este plano humano que solo nos brinda sufrimientos y amarguras.

Lamentablemente, debemos enfrentarlo nosotros mismos, ya que estamos llenos de debilidades que no nos dejan avanzar en el sendero divino; todas estas debilidades son producto del plano humano.

El ser humano posee un sin números de defectos que constituyen la conciencia negativa en nuestro interior. Esas debilidades son: la codicia, el rencor, resentimiento, el odio, el mal comportamiento humano, la ira, la infidelidad, la rabia, la crítica, el adulterio; también podemos decir que el sueño es una de ellas. Por ser seres humanos necesitamos dormir, pero no deja de ser una debilidad del plano en que vivimos.

Debido a que poseemos tantos defectos en nuestro interior, debemos hacer un trabajo consecutivo para liberarnos de esa carga negativa que nos atrasa en el camino de la luz y no nos deja avanzar en nuestra evolución humana.

Debemos limpiar nuestro camino de todos esos agregados psicológicos que tanto nos afectan y nos llenan de negatividad, generando diversos procesos en nuestras existencias.

Esos defectos son los responsables de todos los actos negativos que llevamos en nuestro interior y que no nos dejan avanzar hacia la luz.

Tenemos que enfrentarnos nosotros mismos para sacar de una vez y por todas esos defectos dañinos que obstaculizan nuestro camino conscientivo.

Una vez comenzamos la limpieza de esos defectos, nuestra vida cambia radicalmente y la luz brilla en nuestro interior profundo.

Cuando sacamos esos pequeños demonios de nuestro interior, expulsamos una gama de oscuridad que constituye la parte negativa de nuestra conciencia, brillando en nosotros la luz divina.

Los defectos en nosotros constituyen la parte oscura en nuestro interior. Jesús dijo: "Niégate a ti mismo"; él se refería a todos esos defectos que poseemos y que no nos dejan avanzar en el camino.

No es fácil pelear contra todos esos defectos que tenemos internamente.

Cuando uno quiere pedirle perdón a una persona, rápido interviene el defecto del orgullo para no dejar que lo enfrenten, ese pequeño demonio nos habla en nuestro interior, diciendo, "te vas a rebajar, yo no lo haría". Esa conversación no es suya, es del defecto del orgullo que no deja que usted lo saque de su interior, eso constituye una negatividad dentro de su interior profundo.

Así como ese defecto, existen muchos que no nos dejan avanzar en el camino luminoso de Dios.

Tenemos que sacar todos esos agregados para que la luz pueda brillar en nosotros. Debemos ser pequeñas jerarquías humanas, brillar con luz propia, sabiduría, humildad y misericordia ante los demás.

Cuando nos liberamos de todas esas anomalías, nuestra vida cambia radicalmente, somos otra persona, llena de alegría, de buen comportamiento ante la sociedad y con un grado de consciencia muy diferente; más consciente.

Es evidente que si uno saca toda esa gama de defectos su comportamiento viene siendo otro, ya que vamos a ser personas sencillas, amables y más conscientes.

Por otro lado, debemos saber que también hay que hacer un trabajo por la humanidad, ponernos al servicio de las jerarquías divinas, de esa manera vamos poco a poco avanzando en el camino de la liberación interna.

Son dos trabajos que tenemos que hacer para poder trascender este plano humano de materia densa. Estos son: ayudar a quién quiere avanzar en el camino de la luz y trabajar por nuestro interior limpiando y sacando todas esas basuras psicológicas negativas, que nos atrasan en nuestro entendimiento humano.

Haciendo esos dos trabajos podemos divinizarnos en esta tercera esfera de la Creación.

En nuestra vida existen eventos negativos que podemos evitar, ya que somos nosotros los responsables por el mal comportamiento humano, debido a que es tan evidente nuestra negatividad. No podemos evitar la arrogancia que acompaña nuestro interior.

Debemos erradicar todos esos agregados psicológicos que llevamos por dentro, hay que echar mano de la templanza positiva de nuestro divino Ser que mora en secreto y que aguarda ser liberado por nuestra limpieza interna.

Debemos ser libres de la atadura egoica que siempre nos han acompañado a través de todas las existencias.

Nuestro divino Ser tiene que ser liberado para manifestarse en nosotros con todas sus sabidurías emanadas de Dios.

Todos los seres humanos hemos navegado por las diferentes existencias en busca del camino divino y de la ascensión humana, cayendo así en el sueño interno que no nos deja saber quiénes somos en realidad. Una vez encontrado el camino de la ascensión, debemos tener un buen guía que nos muestre las técnicas para la liberación de las basuras egoicas mentales que atrasan nuestras existencias.

Es importante saber que todos llevamos una chispa divina en nuestro interior que espera un día manifestarse con la grandeza divinal y con la sabiduría de Dios.

Nosotros no somos un cuerpo que salió de la nada, somos seres que vamos en evolución y que venimos ascendiendo por los diferentes planos de la Creación.

El ser humano vive despierto físicamente, pero internamente se encuentra dormido, no sabe quién es en realidad ni qué viene a pagar en esta existencia.

Todo aquél que busque este conocimiento superior estaría dándole respuestas a muchas preguntas que todo el tiempo han estado sin contestar.

Debemos ser buenos investigadores de nosotros mismos, ya que dentro de nuestro interior se encuentran todos los misterios que existen y que debemos revelar.

El ser humano siempre ha cargado con todas las respuestas que él mismo se ha hecho y cree que se encuentran en otro lado.

Todos nos preguntamos el por qué nos pasan tantas cosas negativas en esta existencia. Son muchos eventos positivos y negativos que traemos en nuestra mochila existencial y que por estar dormidos no sabemos que en un momento dado la ley divina nos va a cobrar lo malo que hicimos en otras existencias. Lo malo que se hace, se paga, así mismo la misma ley le da a uno lo bueno que uno hizo

No existe la buena suerte ni tampoco la mala, solo existe una ley; el que da, recibe de lo mismo que da, sea bueno o malo.

Con todo esto queremos decirle que todo lo traemos en esa mochila existencial, solo que el ser humano nunca se ha interesado por descubrirse a sí mismo. En este camino podemos investigar hasta al mismo Dios, como está establecido en el capítulo llamado: **EN BUSCA DE ESE GRANDIOSO SER.**

Este no es un camino de creer, sino de pura investigación en todo el sentido de la palabra.

Existen creencias que no aceptan que alguien investigue lo que está más allá de lo ya conocido por el ser humano. El decir que vamos a investigar a Dios, es algo que ese grandioso Ser nos puede "castigar con alguna vara".

Si Dios es puro amor, misericordia, alegría, perdón, humildad y mansedumbre, cómo es posible que vaya a castigar a un hijo de él por investigar las cosas de la Creación que él creó. Eso son ataduras psicológicas implantadas en el ser humano para no dejarlo avanzar en el sendero divino y a la unión con Dios.

Debemos sacudirnos de todas esas creencias y grabaciones psicológicas que por décadas hemos llevado día tras día.

Los grandes sabios han sido buenos investigadores de diferentes épocas y han puesto sus investigaciones al servicio de la humanidad.

Cuando el ser humano muere o mejor dicho desencarna, viene siendo como si fuera una mudanza, llevándose consigo la carga energética negativa y positiva. Esas son todas las violaciones cometidas en contra de las leyes de la naturaleza y de la Creación, y a su vez, todas las cosas buenas que le ha hecho a la humanidad con su buen comportamiento.

LA FUERZA DE LA GESTACIÓN

Ahora vamos a hablar de esa fuerza que hace posible el nacimiento de cualquier ser vivo de la naturaleza y de la Creación.

La gestación viene de la segunda fuerza de la Creación, ella se encuentra en cada semilla de las diferentes especies conscientivas, no importa que sea masculina, femenina, mala o buena, ahí se encuentra esa fuerza creadora, esa parte femenina de Dios.

La gestación se encuentra diluida en cada reino o dimensión, esa fuerza está en cada rincón del cosmos, así como se encuentran las diferentes manifestaciones dentro del profundo espacio o cuerpo de Dios.

No sería posible la vida en cada ser viviente de la Creación si no existiera esa gran fuerza divinal.

A medida que vayamos avanzando en este capítulo expresaremos con más profundidad la sabiduría que encierra esta fuerza dentro del cosmos.

Esperamos con mucho entusiasmo que se puedan abrir a este conocimiento, para que de alguna manera u otra pueda ayudarlos en este camino de la conciencia superior.

Estamos tratando un tema que no es muy común en el medio espiritual, ya que no todo lo que está en el camino de la luz sale de la profundidad del conocimiento divino.

La humanidad ni siquiera sabe por qué existe la fuerza de la gestación. Para saber y comprender estos misterios tenemos que comenzar por conocernos a nosotros mismos, ya que también, como seres vivientes, encerramos infinidades de misterios que aún no sabemos que existen dentro de nosotros; incluyendo nuestras propias existencias en el plano humano.

El hablar de Dios en este camino nos invita a comenzar un sin números de investigaciones, comenzando por nuestra existencia en la Creación.

El ser humano común y corriente solo sabe que existe la gestación cuando una mujer está embarazada, eso nos da a entender que se encuentra muy lejos de conocer el gran significado de la gestación.

Desde los primeros tiempos, siempre se ha dicho que cuando una mujer se encuentra embarazada tenemos que respetar ese estado en que se encuentra.

Debemos saber que cuando se está gestando una criatura, ahí se encuentra en función la parte femenina de Dios; la segunda fuerza de la Creación.

El proceso de la gestación se da en las diferentes semillas, no importa de qué planta o que especie sea; también en todos los seres humanos.

Este proceso está relacionado con los nueve meses de nuestro nacimiento como seres humanos y hablando más profundamente, también lo está con las nueve dimensiones de la Creación; conocidas también como las nueve esferas luminosas. Ya ahí podemos entrar a explicar otros procesos divinales que se puede decir que son misterios jamás comprendidos por algunos seres humanos.

Cada ser humano que se encuentre en el camino de la evolución superior va integrando la sabiduría y la conciencia de cada plano; éstas se internalizan a través de las diferentes experiencias sean positivas o negativas. De esa manera vamos internalizando la segunda fuerza de la Creación, la gestación, la fuerza de la madre creadora; la madre cósmica.

A medida que las diferentes Jerarquías van avanzando en el camino de la alta conciencia divinal, ellos tienen que ir adquiriendo e internalizando cada una de las cuatro fuerzas cósmicas del Padre, del señor de la Creación. Con la integración de cada una de esas fuerzas es donde se encuentran las diferentes virtudes que nacen en nuestro interior profundo.

Todas las virtudes nacen de cada una de esas fuerzas; la madre es misericordiosa, bondadosa, amorosa, el perdón entre otras virtudes.

También tenemos la fuerza del padre, es el que da la sabiduría, la misma fuerza y la templanza en el camino divino.

Por otro lado, tenemos la fuerza del Espíritu Santo, él nos da la voluntad, la vida, el espíritu y muchas facultades más.

También existe la fuerza del Cristo cósmico, ahí encontramos el mismo amor y en realidad todas esas virtudes nacen de la importancia de esa fuerza en nuestro interior.

Para llegar a convertirse en un gran dios dueño y señor de una Creación, hay que integrar las cuatro fuerzas cósmicas para que conjuntamente sea un Creador con todas las virtudes que existen.

Cuando Jesús el Cristo vino a este plano humano fue con el propósito de integrar el Cristo Cósmico, la tercera fuerza de la Creación. Él vino a enseñarnos a que cada uno de nosotros fuéramos amorosos el uno con el otro.

Todos los planos están representados por la fuerza del padre y de la madre, que son la gestación y la sabiduría; Dios es varón y hembra a la vez.

Todos tenemos que pasar por el proceso de la gestación, así como cada ser vivo perteneciente a esta Creación.

Hay mucho que aprender en el camino divino, tenemos que abrirnos a la investigación profunda de los desconocidos, de los grandes misterios cósmicos.

La gestación se encuentra en la más pequeña estrella del cosmos, hasta en el más diminuto ser viviente que pueda existir en esta Creación, se encuentra en las diferentes galaxias sin importar en que rincón del cosmos o universo; ahí está la gestación.

En nuestro cuerpo actual también está vigente constantemente, creando células, arterias, sistemas defensivos, entre otras cosas.

Si observamos la naturaleza podemos ver las diferentes manifestaciones de la gestación en un sin números de semillas de plantas, animales y los mismos seres humanos. También podemos observar el proceso de un embarazo de una mujer que dura nueve meses gestando una criatura en su vientre, esa criatura fue creada por un hombre; por la parte masculina, por un padre. Entonces, podemos ver muy bien que la que gesta es la parte femenina que es lo mismo que estamos explicando, cada ser humano integra en su interior esa parte de la madre en el momento de su gestación. O sea, que cada Creador posee en su interior la fuerza de la gestación, la parte femenina, en otras palabras, Dios es varón y hembra a la vez.

El hombre posee la parte del padre y la parte de la madre; una por la Creación y la otra por la gestación.

Todos los seres humanos somos hermanos por ser hijos del divino Creador de todo lo creado, todos estamos dentro de su propia Creación, dentro de su cuerpo.

Queremos que comprendan que el cosmos es el cuerpo vivo del Creador, jamás van a entender la grandeza de sus misterios.

En esta obra, queremos traerles algunos de esos misterios que hemos investigado y que con mucho gusto estamos explicando.

Solo en el camino de la investigación podemos darnos cuenta de tantas realidades que encierra el cosmos y la Creación.

Estamos explicando una "partecita" de lo que es la gestación dentro de nosotros, en la naturaleza y en la Creación.

Todos los seres humanos tenemos que conocernos porque dentro de nosotros se encuentran todos los misterios que encierra la Creación. Somos un microcosmos en miniatura, tenemos en nuestro interior una individualidad que podemos llevarla a un nivel altamente superior. Nosotros somos unos creadores en miniaturas, somos pequeñas creaciones; todo lo que hay por fuera está por dentro de nosotros mismos. Vamos, síganme, que los llevaré a descubrir los grandes misterios de Dios.

ESTAMOS

DENTRO

DE UN CUERPO

EL PROFUNDO MISTERIO
DE LA CRUZ

En este capítulo vamos a descifrar por primera vez los grandes misterios que encierra la tan conocida y milenaria cruz.

La cruz es reconocida por todas las épocas, desde el primer momento en que ese grandioso Ser, Jesús el Cristo vino a traernos sus grandes sabidurías a este planeta Tierra.

No podemos precisar que la cruz existía antes de Jesús venir al mundo, por lo tanto, la cruz ha sido un misterio muy milenario, ya que puede haber muchas teorías que hablen de ella.

Cuando hablamos de la vida nunca pensamos que la misma está relacionada con ese gran misterio de la cruz.

Tenemos que decirle que la vida nace de la misma cruz. Para poder entender este tema hay que explicar muy profundamente todo el significado que encierra nuestra gestación, que más adelante le explicaremos con más detalle.

Es importante saber todo lo que encierra nuestro existir en esta Creación, que muy poco conocemos como funciona.

La cruz es el símbolo de la vida y está relacionada con la muerte. Si observamos, la cruz se encuentra en donde quiera que hay un desencarnado; en los cementerios, en las Iglesias y donde quiera que se encuentre lo que puede ser sagrado.

El ser humano no se imagina ni siquiera para qué se le pone la cruz a una persona cuando muere; no saben que para nacer la vida se necesita que dos energías se crucen y desde ese preciso momento nace la pura vida, ese es el principio de nuestro existir, "la cruz".

Cuando una persona desencarna, se le pone una cruz simbolizando que por la cruz nació a la vida y que por ella murió.

Queremos que con en el párrafo anterior comprendan lo que estamos explicando, mientras haya un cruce de energía la vida se puede mantener, pero cuando ese cruce se va, la vida desaparece. Entonces, es ahí el gran significado de la cruz en los cementerios, iglesias y ataúdes.

¿Por qué no pueden poner una madera derecha y tiene que ser una cruz? ¿Qué conocimiento quieren darle a la humanidad que no se atreven?

Por qué no se le dice a la humanidad que por el cruce de dos energías es que nace la vida, un óvulo y un espermatozoide es el principio de la gestación de un ser humano.

Cuando esos dos elementos se cruzan, desde ese preciso momento nace nuestro existir, esas son dos energías creadoras muy sagradas.

Vamos a poner un ejemplo muy sencillo, ya que estamos hablando de energía; para que una bombilla pueda dar luz se necesita que un elemento llamado estaño exista, ese es el que va a cruzar esas dos energías para que nazca la luz o mejor dicho se produzca el encendido de la bombilla, significa que en el cruce es que se encuentra el nacimiento; en este caso se produce la luz, en la parte humana lo hace la vida.

Son muchos los misterios que encierra la Creación y queremos descifrarlos muy detalladamente para que puedan descubrir cuál es el principio de nuestro existir humano.

Este no es un camino de creer, sino de profundas investigaciones, sean de la naturaleza, evolución o divinales; no podemos creer todo lo que nos dicen. Quién le escribe ha sido un gran investigador de todos estos misterios que estamos revelando, quedando mucho por descubrir.

También, tenemos que decirle sobre la falsa y famosa estrella de Belén que tanto conocemos.

La lógica superior nos dice que una estrella no puede salirse de su centro de nacimiento, porque de ser así, existiría un desequilibrio cósmico en el universo y eso jamás puede suceder; no es posible que una estrella pueda penetrar en un planeta.

Queremos decirle que una estrella puede medir hasta sesenta veces el tamaño de un planeta como el nuestro, esa es otra de las tantas creencias de las cuales la humanidad ha sido víctima.

Existen estrellas pequeñas que pueden duplicar el tamaño de nuestro planeta Tierra hasta ciento de veces; es decir, que no podemos comparar el enorme tamaño de una mega estrella con la medida que tiene nuestro planeta.

En los tiempos medievales, no se le podía decir a la humanidad la existencia de naves cósmicas, esa información solo se le podía dar por medio de su grado de entendimiento.

En esa época, no le podían informar a la humanidad de tan alta tecnología como son las diferentes naves cósmicas. Desde entonces, siempre se ha cargado con tan falsa grabación de la estrella de Belén, sin saber la humanidad, que en ese momento lo que se estaba dando era un evento cósmico.

La estrella de Belén no era más que una nave que venía tripulada por altos dioses cósmicos. Por otro lado, a esas grandiosas naves se le daba el nombre de las famosas nubes de fuego o carruajes que venían bajando encendidos desde lo alto.

Todas estas son creencias que carecen de lógica debido a que, en ninguna mente humana puede caber que existan nubes de fuego ni tampoco carruajes que vengan desde lo alto; de ser así, esas nubes tienen que seguir bajando, ya que los elementos siguen siendo los mismos en este tiempo y en los de antes.

Todas aquellas personas que se encuentren en el mundo de las creencias deben de estudiar muy bien la lógica superior, nos estamos expresando de esta manera porque existen muchas creencias que en lugar de ayudar a los que buscan el verdadero camino, lo que hacen es confundirlos y desviarlos de su evolución.

De qué manera se le dice a la humanidad que los misterios que aquí hemos revelado son correctos, para que todo creyente no siga en la nébula de que la cruz es un solo símbolo que nada tiene que ver con la vida o con la muerte.

Así mismo creen que solo Jesús el Cristo, es el único que puede llegar a ser un Ser superior dentro de las Jerarquías Divinas. De ser así, echaríamos por el piso esa palabra que él mismo dijo: "Lo que hago, vosotros poder hacer y algo más si queréis". Eso nos indica que el camino no llega hasta el nivel donde Jesús llegó, sino que se puede llegar más lejos en este camino de regreso a casa.

En esta obra estamos revelando muchos misterios de los que la humanidad desconoce.

Debemos desarrollar un poco más el entendimiento humano, ya que de no ser así, no podemos comprender todo lo que nos puedan revelar en el camino de la evolución humana.

Existen personas que no quieren dejar atrás muchas grabaciones psicológicas y que, por ser fieles seguidores de algún grupo o alguna creencia, no se abren a lo que le pueda servir de crecimiento en su camino espiritual.

Todo evoluciona dentro del cuerpo vivo de Dios, hasta el mismo conocimiento lo hace debido a que, siempre van a venir diferentes Maestros del conocimiento divino.

Así como existe ese gran respeto a la cruz, así mismo lo hay en otras humanidades con otro símbolo. Quién sabe cuál sería, solo sabemos que existen diferentes líneas evolutivas dentro de la inmensidad cósmica.

Por otro lado, queremos hacerle un pequeño señalamiento, si llegaran a observar, ¿por qué existen esos animales en el nacimiento de Jesús? ¿Qué significa? Eso es uno de los tantos misterios de los que siempre le hemos venido revelando en las diferentes obras literarias.

El significado de esos animales en el nacimiento de Jesús, se lo explicaremos más adelante.

Existen algunas simbologías que siempre han estado presentes en la humanidad, ya sea en algunos libros sagrados o en algunas Iglesias que ni siquiera los mismos sacerdotes, líderes religiosos o pastores saben el gran significado que encierran esos símbolos.

Ejemplo, en algunas Iglesias hay cuadros con la caída de Jesús en la cruz; esas tres caídas de ese grandioso Ser tienen un significado muy importante en ese proceso histórico de esa época.

Es mucho lo que hay que aprender de las tantas simbologías que existen y que siempre han estado ocultas para la humanidad.

Queremos decirles que hasta el mismo letrero que tenía la cruz encima de la cabeza de Jesús, también era una simbología que encerraba uno de los misterios que hemos hablado en esta obra.

Las palabras decían, 'INRI natura', que significa, "el fuego arde incesantemente en la naturaleza, la evolución continúa".

Todo lo que se estaba dando en ese tiempo era un gran evento cósmico donde estaba la presencia de las altas Jerarquías divinas, un proceso para una humanidad que estaba virgen en cuanto a sabiduría se refiere.

En mucho de los casos, la cruz no posee ese pequeño letrero, en otras ocasiones sí lo tiene y así van cambiando los diferentes textos y escrituras que desde aquellos tiempos han existido. De esa manera van enterrando a través de las épocas los diferentes símbolos que no son entendidos por las muchas creencias y grupos espirituales.

NUESTRO AVANCE

El ser humano como ser viviente es el que viene a cumplir con una misión, la cual se basa en las experiencias que tiene que vivir a través del paso por los diferentes planos de la Creación.

Es importante saber que muchos de los que estamos en el camino de regreso a casa, ya hemos recorrido miles de existencias a través del plano humano, internalizando las experiencias que nos marcan nuestro avance de ascensión como ser humano que somos.

Hemos sido muchos los que nos hemos dormido a través de las existencias, que no sabemos quiénes somos ni de dónde venimos.

En el camino de la ascensión humana debemos acelerar nuestro trabajo evolutivo, ya que nosotros no somos de este plano, sino que venimos en busca de la internalización de su sabiduría y su conciencia humana; somos transitorios por el plano pensante.

En la Creación no existe otro plano pensante que no sea el de la tercera dimensión, los demás actúan por instinto y por tener una conciencia superior, algunos ya son planos altamente divinales; no necesitan del pensamiento ni tampoco del instinto. Aquellos que pertenecen a los reinos primarios son los que poseen ese elemento llamado instinto; esos son seres que no tienen un cuerpo pensante y hasta que no evolucionen el reino al cual pertenecen, serán dirigidos por Jerarquías dévicas.

Las Jerarquías dévicas son aquellas que están encargadas de dirigir la evolución de los seres que no poseen ese cuerpo pensante y que actúan como hemos dicho, por instinto.

Una vez como seres humanos, ya podemos pensar y tenemos nuestro libre albedrío para decidir nuestro avance hacia otro plano de conciencia superior.

En este plano humano quién nos dirige es nuestra parte pensante, ya no son las Jerarquías dévicas; aquí somos nosotros mismos los que tenemos que acelerar nuestro avance evolutivo hacia otra dimensión y otro nivel de conciencia.

Todos los seres humanos somos un microcosmos en miniatura y en nuestro interior poseemos todos los misterios que existen en la Creación. Todos estos misterios se encuentran relativamente de acuerdo con nuestro nivel de conciencia y de tamaño.

A medida que vamos haciendo un trabajo interno nuestra conciencia aumenta y a la vez se va incrementando en nosotros la profundidad de nuestro interior.

Nuestro avance es hacia adentro, ya que somos una creación en miniatura. Todos tenemos los mismos componentes del Creador, estamos hechos a imagen y semejanza de él.

Debemos preocuparnos por nuestro avance interno, debido a que llevamos un sin números de existencias navegando por el plano humano.

Nuestra parte interna ha estado, a través de muchas existencias, completamente dormida.

Nuestra parte pensante es la causante del sueño existencial por lo cual hemos venido cometiendo los diferentes errores que nos han llevado a estar sometidos bajo las leyes kármicas.

Todo esto nos lleva a la reflexión interna, no podemos seguir en el vaivén de las existencias humanas, tenemos que avanzar en el camino de regreso a casa de donde un día nos desprendimos como un pequeño pensamiento, en busca de nuestra tangibilidad camino hacia los reinos de la Creación.

Somos un pensamiento hecho una realidad dentro de una Creación; todos hemos venido por el camino de los elementos haciéndonos visibles hasta obtener un cuerpo de materia, en esta tercera esfera humana.

En este camino, debemos aumentar nuestra conciencia haciendo el trabajo por los demás y por nuestro interior, ya que somos nosotros mismos los responsables de nuestra evolución hacia otro reino más superior.

Nuestro sueño existencial radica en que nos dejamos atrapar por los diferentes defectos negativos que entorpecen nuestro avance interno.

Cada uno de esos defectos son energías muy independientes dentro de nuestro interior profundo. Un ejemplo de lo que estamos hablando es que una de esas energías piensa que debemos robar; todos tenemos en nuestro interior un pequeño ladrón.

Por otro lado, también poseemos un asesino; el ser humano con su pensamiento negativo a matado a otro ser viviente, no importa que sea un animal, como quiera es un ser vivo.

También, somos pequeños violadores, podemos ir caminando por las diferentes calles y con nuestro pensamiento mirar a una dama y comenzar a poseerla en nuestro interior, eso somos los seres humanos.

Cada uno de esos defectos, tienen su propia individualidad dentro de nuestro interior profundo.

Con nuestro pensamiento le vivimos la novia a nuestros amigos, las mujeres a nuestros vecinos, somos altamente adúlteros. Cada una de esas energías constituye en nuestro interior el sueño existencial humano, el retraso del avance en el camino divino.

Nuestro mundo está lleno de todas esas energías que cada uno de nosotros posee en lo más profundo de nuestro interior.

En cada ser humano viven los más despiadados defectos llamados; el rencor y el odio, esos dos defectos causan en cada uno de nosotros la más terrible enfermedad, el cáncer.

Esas son las energías más densas que puedan existir en el ser humano, debido a que enferman todo el sistema celular de nuestro cuerpo.

El cuerpo humano es por donde nuestro Real Ser se expresa con su verbo, eso cuando ya estamos completamente con nuestra parte pensante disciplinada; mientras tanto, lo hace la parte negativa que existe en nosotros.

Ahora tenemos que hablar un poco de aquello que nos hace tanto daño a nuestro cuerpo y a la vez nos trae consecuencias muy graves en nuestra familia; ya que son cosas desagradables que no deben pasar ni dañar nuestro entorno en el que vivimos.

Si el ser humano hiciera conciencia de lo que es nuestro cuerpo, no estuviera al servicio del alcohol, ese es uno de aquellos desagradables defectos que cada uno llevamos en nuestro interior, es el más despiadado depredador de la familia. Por ese vicio han existido grandes violaciones de niñas, mujeres, niños y hasta muerte, por otro lado, la intoxicación de nuestro cuerpo físico llevándolo a la destrucción familiar.

El adulterio, trae desunión familiar, muerte, sufrimiento de los hijos y maltrato conyugal.

Ese es un defecto desagradable, ya que por medio de él se unen lazos kármicos con diferentes personas. Ejemplo, si un hombre se une sexualmente con varias mujeres, desde ese momento comienza un lazo energético entre ellos, es decir, lo que le pasa a uno el otro lo sufre; siempre estarán pendientes el uno del otro.

Las drogas, destrucción familiar, sufrimientos de diferentes índoles, muerte de aquellos hijos muy queridos por sus padres, amargura de algunos hijos por la pérdida de sus padres queridos, desolación en el núcleo familiar y marcas imborrables, esas son algunas consecuencias de los diferentes vicios que el ser humano posee en su interior.

No podemos dañar nuestro amado cuerpo que nos da la naturaleza, tenemos que hacer conciencia que somos misioneros, que andamos en busca de aquellas experiencias que nos van a llevar al más alto nivel de conciencia superior.

Somos pequeños dioses que vamos rumbo a un nacimiento superior, a una gran realidad macro cósmica más allá de esta Creación, hacia la continuidad de la misma evolución.

Dentro del cuerpo de Dios debemos comportarnos como lo que somos, pequeños seres divinos y no como un conjunto de legiones negativas.

Busque su evolución superior, ya que somos seres transitorios pasando por este plano humano.

LA CONCIENCIA CÓSMICA

En este capítulo vamos a tratar de abrirle la puerta hacia otro conocimiento que para muchos entenderlo tendrán que comenzar a estudiar la conciencia humana, cómo se llega a incorporar en nosotros y en todo lo que existe dentro de la Creación.

Es importante comprender y saber que en todos nosotros los seres humanos existe la vida y poseemos una conciencia. Pero cabe hacer una pregunta; ¿de dónde viene la vida? ¿Qué es la conciencia? Todos estamos acostumbrados a decir que la vida viene de Dios, pero; ¿conocemos nosotros a Dios? ¿Cuál es el misterio que encierra nuestro nacimiento humano?

Queremos decirles que el ser humano no le interesa saber de dónde viene ni cuáles son los misterios que encierra su propio nacimiento humano.

Tampoco tiene la facultad ni la inteligencia de ser el que pueda crear una criatura humana. La criatura humana está sujeta a muchas leyes naturales, universales, divinales y cósmicas. Una de ellas es la ley de la evolución humana y de todo lo que existe.

A medida que nosotros vamos evolucionando por los diferentes planos o dimensiones de la Creación, siempre encontramos la vida dentro de ellos y también la energía. Esta siempre la vamos a encontrar en todas las dimensiones, ella es un componente de la Creación y por medio a ella es que nosotros nos movemos para realizar todas nuestras actividades.

También queremos decirle que con la conciencia se da lo mismo.

EVOLUCIÓN SUPERIOR

Es muy importante profundizar en este tema que tanto se ha venido hablando y ya es tiempo de traer un profundo conocimiento relacionado con la evolución superior.

En el cosmos existen indeterminadas humanidades, así como sistemas de soles, constelaciones, galaxias y un sin fin de sistemas de vida que componen la Evolución. Pero tenemos que irnos más allá de la existencia de ese cuerpo que tantas vidas y movimientos posee.

Es nuestro deber expresar lo que es el cosmos en realidad. No podemos limitarnos a creer que ese cuerpo es simplemente un espacio donde solo habitan las estrellas y tantos cuerpos celestes.

El cosmos es un ser viviente que también va en una evolución superior, ya que es de ahí de donde viene el movimiento evolutivo de todos los seres que existen en cualquier rincón del cosmos.

No es posible descifrar científicamente el misterio del cosmos debido a que, mirándolo de esa manera, nunca podrán encontrar una respuesta correcta.

Debemos decir que el cosmos es la misma expresión del cuerpo de Dios que se manifiesta a través de todo lo que ya nosotros conocemos.

Como hemos dicho en algunos libros, no existe ningún grupo espiritual que haya llegado a comprender y a la conclusión de saber con exactitud que en esa amplitud y grandeza del cosmos se encuentra la verdadera realidad de Dios. Nosotros estamos dentro de su propio cuerpo y también él es un habitante de otro espacio que, como nosotros, está sometido a la continuidad de la Evolución.

Si nosotros nos situamos fuera del planeta Tierra, podemos dirigirnos tanto para un lado como para el otro, en cualquier dirección; con esto queremos decirles que no se sabe en qué punto del cosmos nos encontramos nosotros los seres humanos. O sea, en cualquier parte de las profundidades que también van en evolución.

Cada uno de los seres humanos somos una partícula insignificante dentro de esa inmensidad cósmica, eso es hablando relativamente.

Solo con nuestro avance interno podemos comprender y llegar a obtener grandes sabidurías de lo que es la continua evolución superior.

El cosmos es un Ser que le da vida a todo lo que se encuentra en su interior, no importa de qué especie sea ni de qué reino.

En el cosmos la vida late y su energía se encuentra por todos los lados, manteniéndose así la continua evolución de todos los reinos y todos los seres vivos que en él se encuentran.

Los seres humanos somos pequeños microcosmos, dioses en miniaturas que vamos dejando atrás las pequeñas existencias de los reinos. Y si analizamos con nuestra conciencia, podemos darnos cuenta que cada vez vamos obteniendo más libertad de movimiento conscientivo dentro de un cuerpo diferente y pasando de una eternidad a otra; éstas son las eternidades de los planos.

Todo en el cosmos se mueve, nada está estático, vivimos en un movimiento cósmico continuo. Para que tengan una idea de lo que es el movimiento continuo, tenemos que explicar lo que es el existir. Esto viene siendo algo que está más allá de la misma Evolución, debido a que la misma rige a todos los cuerpos que existen, no importa que sean a nivel de mundo, planeta, sistemas solares, universos, galaxias o a nivel cósmico, macro cósmico, etcétera.

Todo esto se encuentra dentro de la Evolución, pero; ¿a quién rige la Evolución? Esa Ley regula a todos los cuerpos que existen y existirán en el caminar continuo de aquello que lleva como nombre; el existir contínúo de los cuerpos vivientes.

Quisiéramos explicar algo más profundo pero debido al nivel de comprensión, podríamos irnos más allá del entendimiento humano.

Hablar de estos temas es un poco complicado dado el caso que existen grados de entendimiento que hay que cuidar. Todo esto es porque hay personas que poseen grabaciones psicológicas de lo que es el Creador. Jamás van a entender estos términos que estamos explicando sobre la Evolución y los cuerpos cósmicos y macro cósmicos.

Apenas el ser humano no puede entender las cosas que le pasan a diario, mucho menos van a comprender algo que se encuentra más allá del nivel de conciencia que posee.

El ser humano es algo elemental dentro del cosmos. Solo somos partículas vivientes que a través de las eternidades vamos caminando a paso de tortuga.

Jamás podrá un iluminado traerle a esta humanidad todas las profundidades del camino de la Evolución.

Nunca dejaremos de caminar, siempre la Evolución estará presente.

En los más profundos niveles de la Evolución los grados divinales pasan a ser elementales, estamos hablando más allá de la Evolución existente.

Quisiéramos hablar abiertamente pero como hemos dicho, no podemos irnos más allá del nivel de la comprensión humana.

A veces se nos escapan algunos conocimientos que son un poco chocantes para algunas personas, que todavía no han entrado a comprender la Evolución en su profundidad.

Cuando hablamos de niveles divinos elementales, no le estamos faltando el respeto a ese grandioso Ser Supremo. Incluso estamos reconociendo su grandeza más allá de lo que nosotros podemos entender.

Recuerdo en algunas conferencias, de tantas que hemos dado, expresamos que existen niveles que estaban más allá de lo divino.

Ahora vamos a hablar de los diferentes conocimientos que existen en el sendero de la Evolución. Hemos escrito algunos párrafos donde hablamos de las diferentes líneas del saber divino.

Queremos que todo aquel que ande en este camino de la Evolución comprenda que cuando un Maestro pertenece a una línea del conocimiento divino, es porque a él se le ha asignado todo lo relacionado con esa sabiduría.

Esa es su misión con la humanidad y no se puede salir de ahí. Todo esto hay que comprenderlo con el grado de consciencia alcanzado por nosotros en este camino.

Existen Maestros con diferentes misiones, la misión se encuentra dentro de la misma línea del conocimiento. Un Maestro de la fuerza viene a impulsar a todo aquél que se encuentre en el camino de regreso a casa, trayéndoles todo el conocimiento que tenga que ver con el impulso evolutivo de su Real Ser.

Un Maestro de la línea del amor es aquél que le trae a la humanidad todo lo que tenga que ver con el amor universal. Esto puede ser la misericordia, el perdón, comprensión, compasión, el mismo amor, la paz y tantas virtudes que nacen del amor y que ese grandioso iluminado vino a traernos, Jesús el

Cristo. Esa es la línea del amor, eso es un Maestro que pertenece a esa línea.

También, no podemos olvidar que ese Maestro trae consigo las diferentes prácticas que se necesitan para impulsar el amor. Existen otros Maestros que pertenecen a la línea dévica. Estos se dedican a traer todo lo que tenga que ver con la Evolución de todos los seres vivos. Ellos traen como misión, elevar los grados de conciencia en la humanidad.

Es más que importante saber que un Maestro de la línea dévica conoce todo lo que tenga que ver con la Evolución y con todos los componentes de lo que están conformados los cuerpos y las especies vivientes de la naturaleza. Estos Maestros también traen sus prácticas, ya que estas son necesarias para impulsar la Evolución y conectarnos con la naturaleza.

Sin un Maestro de la fuerza no hay templanza en el camino hacia Dios. Con esta fuerza podemos enfrentar los duros procesos y pruebas a las que somos sometidos, eso es muy importante en el camino.

Por otro lado, sin un Maestro del amor, tampoco se puede manifestar nuestro Real Ser con todas sus facultades divinas y no se podría avanzar en el camino.

Tenemos que tener en cuenta y saber que necesitamos un conocimiento que nos haga comprender que, para llegar a los niveles más altos de conciencia, tenemos que aplicar en el camino las investigaciones de las diferentes dimensiones.

No solo necesitamos la fuerza en el sendero luminoso, sino aplicar la conciencia evolutiva de los reinos.

Un Maestro no puede traer todas las líneas del saber divino. No podemos darle la espalda a la Evolución. Cada Maestro trae sus prácticas para su línea.

No hay camino sin evolución. Necesitamos de un Maestro dévico para que nos eleve nuestra evolución.

Un Maestro de la línea dévica trabaja con la conciencia de sus discípulos para de esa manera llevarlos a las más altas esferas luminosas del camino que conduce a Dios.

También un Maestro dévico trabaja para hacerle conciencia a la humanidad, para traerle todo tipo de conocimientos que tengan que ver con la naturaleza y sus elementos.

Por otro lado, domina la naturaleza, ella obedece a sus facultades. Un Maestro dévico conoce de qué y cómo están hechos los cuerpos de las especies. También posee en su interior toda la sabiduría del plano humano.

No existen preguntas que no conteste de su línea. Tenemos que trascender la conciencia del plano humano y llegar a elevarnos a una más superior. Ese es nuestro objetivo en este mundo tridimensional.

CONCLUSIÓN

En esta obra hemos querido revelar algunos misterios que han estado guardados por mucho tiempo, todo porque entendían que la humanidad no podía saber esos grandes secretos.

Por otro lado, tenemos que decirles que existen personas que ya están preparadas para saber los grandes secretos, porque por una u otras razones, han entrado al camino de la conciencia superior.

En este libro, ha quedado plasmado todo tipo de conocimiento, para que dé una vez conozcan los misterios que cada uno de nosotros guardamos en nuestro interior.

A través de los tiempos, sabemos que existe un Ser superior y que a él le debemos supremo respeto y obediencia, pero nunca hemos descifrado quién es ese grandioso Ser que nos da la vida y que tanto respetamos en esta Creación.

Es importante saber quién es él, de qué está hecho; se dice que está hecho a imagen y semejanza de todos nosotros, ¿pero a quién se lo han dicho?

Dios en realidad vive al igual que todos nosotros, él se encuentra viviendo dentro de un cuerpo. Estas palabras abren un sin números de preguntas que van más allá del entendimiento humano y más adelante podemos escribir sobre este tema que necesitan explicaciones muy profundas.

Con los diferentes temas que hemos plasmado en este grandioso libro, nos da la satisfacción de hacerle un aporte a la humanidad para que aumente su grado de conciencia y a la vez entiendan que el ser humano no se puede limitar a la simple creencia, ni a dogmas que han causado estancamiento en nuestra existencia humana.

Tenemos que abrirnos a las investigaciones de nuestro existir y de la misma Creación en su totalidad.

Con todo este conocimiento queremos que la conciencia de cada uno que lea esta obra aumente y a la vez despierte del sueño en que vive actualmente.

La conciencia se encuentra en cada evento negativo que podamos comprender e internalizar en nuestro diario vivir.

Por otro lado, queremos decirles que las enseñanzas que aquí se encuentran, solo son una pequeña aportación de los tantos conocimientos que existen en la fuente del conocimiento divino.

Querido lector, queremos que despierte y que entienda que cada uno de los seres humanos, solo somos transitorios por este plano humano, que a través de tantas existencias que hemos tenido, venimos sin saber quiénes somos en realidad.

Este plano solo se nos presta para qué internalicemos la conciencia de él; tenemos que seguir caminando hacia lo desconocido, hacia la continuidad de la evolución misma.

El autor